Almuth Bartl

Mein Kind ist krank

Spiel- und Basteltips zum Gesundwerden

Mit Illustrationen von Gisela Könemund
und Fotos von Robert Reile

Otto Maier Ravensburg

Die Deutsche Bibliothek – CIP-Einheitsaufnahme

Mein Kind ist krank:
Spiel- und Basteltips zum Gesundwerden /
Almuth Bartl. Mit Ill. von Gisela Könemund
und Fotos von Robert Reile. –
Ravensburg: Maier, 1992
ISBN 3-473-41077-2
NE: Bartl, Almuth; Könemund, Gisela

3 2 1 94 93 92

Gesamtgestaltung: Gisela Könemund
Umschlaggestaltung: Ekkehard Drechsel
Umschlagfoto: Ursula Markus
Redaktion: Sybille Siegmund
Printed in Germany
ISBN 3-473-41077-2

Für Cata
und für alle anderen
kleinen, kranken „Mäuse".

Inhalt

kursiv = Elterninformationen
normal = Beschäftigungsideen
* = Kinderinformationen

I. Oje, die Maus ist krank

Wenn das Kind mal krank ist…

Eingehende Befragungen kranker oder ins Krankenhaus eingelieferter Kinder ergaben ein verblüffendes Bild: Fast alle kleinen Patienten sahen den Grund für ihre Krankheit in vorausgegangenem Ungehorsam und die Krankheit selbst als Strafe für irgendwelche Missetaten. Daraus entwickelten sich bei ihnen Schuldgefühle, die sich noch dadurch verstärkten, daß sie von den eigenen Eltern ins Krankenhaus „abgeschoben" worden waren. Ein Junge, der am Blinddarm operiert wurde, war fest davon überzeugt, daß der Grund für seine Erkrankung darin lag, daß er meistens ohne Hausschuhe herumgelaufen war.
Die Vorbereitung des Kindes auf einen Krankheitsfall beginnt eigentlich direkt nach der Geburt. Ein Kind, das die liebevolle Zuwendung seiner Eltern erfährt, Urvertrauen zu ihnen gewinnt, sich also geliebt und angenommen fühlt, wird auch in Ausnahmesituationen wie einem Krankheitsfall nicht an der Liebe seiner Eltern zweifeln.
Eltern sollten sich davor hüten, achtlos solche Sätze von sich zu geben wie „Wenn du nicht brav bist, mußt du ins Bett!". Oftmals hören die Kinder solche Sätze auch von Großeltern oder anderen erwachsenen Personen. Es lohnt sich, auf solche Dinge zu achten und die betreffenden Erwachsenen auf die unglückliche Verknüpfung von Krankheit und Schuld und deren negative Auswirkungen auf die Kinderseele ganz deutlich aufmerksam zu machen.

Wie kann man ein Kind aber ganz praktisch auf einen Krankheitsfall vorbereiten?
Kinder unter 3 Jahren können mit Erklärungen über Krankheit meistens nichts anfangen. Daher ist es unbedingt wichtig, daß die Bezugsperson des Kindes, soweit das möglich ist, beim Kind bleibt. Kinder ab etwa 4 Jahren sollten kindgerecht über Art der Krankheit und Therapie aufgeklärt werden. Dabei sollte man sich hüten, die Kinder mit Informationen zu überhäufen. Besser ist es, weniger Informationen zu geben, die aber von verschiedenen Seiten zu beleuchten, Situationen wie z.B. eine ärztliche Untersuchung können mit Puppe und Puppendoktor-Utensilien wieder und wieder durchgespielt werden. Die Kinder werden selbst weiterfragen, wenn sie in der Lage sind, weitere Informationen zu verkraften.
Sind Verwandte oder Bekannte krank oder als Patienten im Krankenhaus, können die Kinder selbstverständlich zu Krankenbesuchen mitgenommen werden. Sie lernen daraus, daß Krankheit jeden jederzeit treffen kann, daß die Krankheit also zum Leben gehört. Durch den rücksichtsvollen Umgang der Eltern mit dem Patienten lernen die Kinder selbst Rücksichtnahme, Hilfsbereitschaft und Toleranz.
Natürlich vermeidet man es, Kinder zu Personen mitzunehmen, deren Zustand sie erschrecken würde oder die mit schaurigsten Übertreibungen ihr hartes Los als stets mißverstandene Patienten beklagen.

Malen und erzählen

Dieses Malspiel eignet sich besonders dafür, neue Eindrücke zu verarbeiten, die mit Krankheit, Arztbesuch usw. zusammenhängen.
Der kleine Patient bekommt vier kleine Zeichenblätter und Buntstifte.
Auf jedes Blatt darf er nun irgendeinen Gegenstand oder eine Person malen. Mindestens eine Zeichnung sollte etwas mit „Kranksein" darstellen.

Sind alle Bilder fertig, bringt der erwachsene Mitspieler die Bilder in eine beliebige Reihenfolge und erzählt dazu eine passende Geschichte, die möglichst viel von der für das Kind neuen und möglicherweise belastenden Situation beinhaltet. So erzählt der Erwachsene vielleicht: Bello schaut heute sehr traurig. Irgend etwas war in seinem Fressen, das ihm gar nicht gut bekommen ist. Mama und Tom packen Bello in eine warme Decke und fahren mit ihm zum Tierarzt ...
Der Inhalt der Geschichte kann vom Erzähler der jeweiligen Situation des Kindes angepaßt werden.
Natürlich macht das Spiel genausoviel Spaß, wenn die Rollen vertauscht werden und vielleicht der Papa die Bilder malt und das Kind dazu erzählt.
Lustig ist auch folgende Variante: Das Kind gibt die gleichen Bilder nacheinander verschiedenen Erzählern. Verblüffend, wie viele unterschiedliche Geschichten dabei herauskommen. Oder aber man ändert die Reihenfolge der Bilder und läßt auf diese Art neue Geschichten entstehen.

II. Tag, Herr Doktor

Der Hausarzt

Ist das Kind krank, so wendet man sich in den meisten Fällen an den vertrauten Kinderarzt oder an den Hausarzt. Die Kinder kennen die Person, vielleicht auch durch die Behandlung anderer Familienmitglieder. Sie begegnen ihr zumeist ebenso vertrauensvoll wie die Eltern.
Der Arzt wird verschiedene Fragen über die Krankheitssymptome haben. Hierbei können ältere Kinder sehr gut miteinbezogen werden, alles Wissenswerte für den Arzt zu notieren.

Der Arzt braucht folgende Angaben:

- *Wann sind erste Krankheitssymptome (Übelkeit, Erbrechen ...) aufgetreten?*
- *War das Kind kurzzeitig ohne Bewußtsein?*
- *Hat das Kind erbrochen?*
- *Hat das Kind Fieber?*
- *Hautausschläge?*
- *Hat das Kind Schmerzen? Kann das Kind den Schmerz lokalisieren? Welcher Art sind die Schmerzen (Brennen, Druck, Krampf ...)?*
- *Stuhlgang?*
- *Je nach Art der Erkrankung sind weitere genaue Beobachtungen anzugeben, z. B. im Falle eines Krampfanfalles:*
  Wie lange hat der Anfall gedauert? Zuckungen? Fieber? Erhöhte Muskelanspannung? Atmung? Reaktion bzw. Verhalten vor und nach dem Anfall?
- *Kann das Kind selbst Angaben zum Anfall machen?*

Denken Sie auch immer daran, daß der letzte Arztbesuch den Ausschlag dafür gibt, wie Ihr Kind den nächsten Arztbesuch angehen wird! Vermeiden Sie es, wenn irgendmöglich, das Kind für schlechtes Betragen oder andere „Fehler" beim Arztbesuch zu rügen.
Versuchen Sie aber das Interesse des Kindes für die Untersuchungsmethoden und Geräte des Arztes zu wecken! Vielleicht darf Ihr Kind einmal durchs Mikroskop schauen, oder die Laborantin erklärt, was mit der Blutprobe, die sie gerade abgenommen hat, nun weiter geschieht.

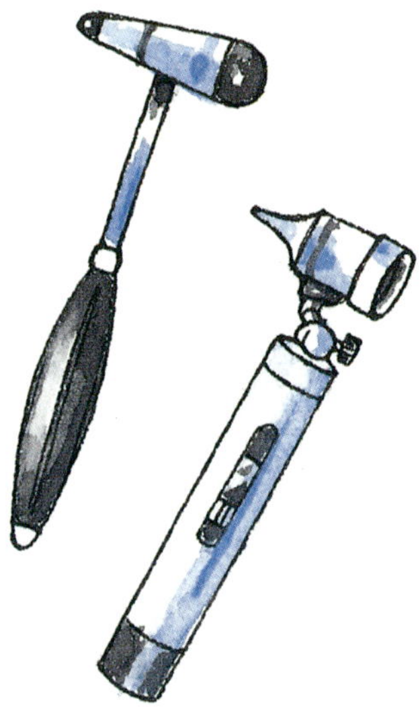

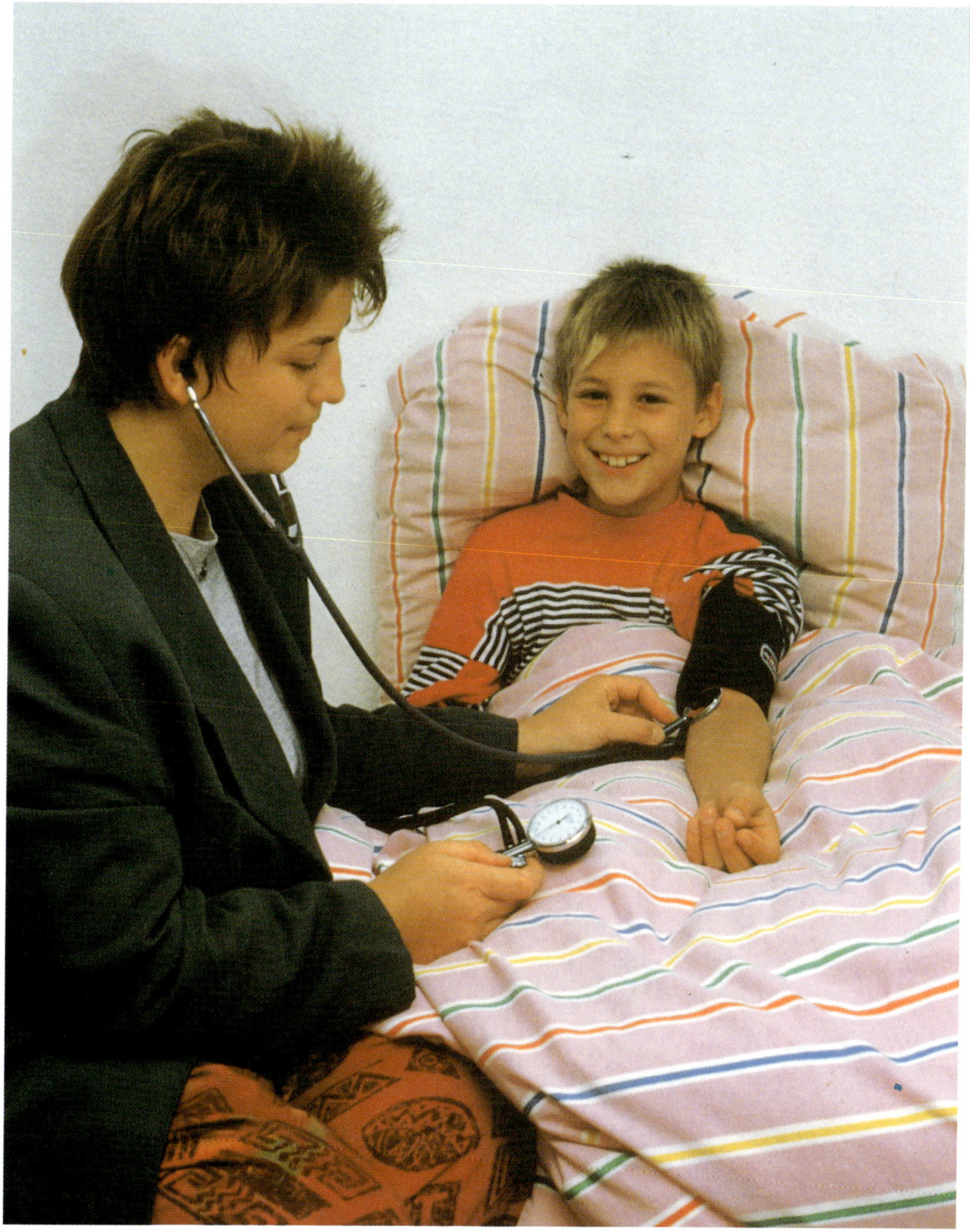

Besuch beim Facharzt

Der Hausarzt wird schnell entscheiden können, ob ein Besuch beim Facharzt notwendig ist. In diesem Fall sind Eltern und Kind einer erneuten Streßsituation ausgesetzt. Der Facharzt ist, wenn überhaupt, sicherlich weniger bekannt, ihm wird also meistens auch weniger Vertrauen entgegengebracht. Die unbekannte Umgebung (Wartezimmer, Behandlungsräume) mit den unbekannten Personen, Sprechstundenhilfen, Laborantinnen, Assistenten wirkt zunächst eher beklemmend. Hinzu kommt, daß im Wartezimmer meist erwachsene Patienten sitzen, und nur selten Spiel- und Beschäftigungsmaterial für Kinder bereitliegt.
Die Spezialinstrumente des Facharztes, deren Gebrauch dem Laien unbekannt ist, vergrößern die nervöse Spannung noch zusätzlich.
Sammeln Sie Informationsmaterial! Die Krankenkassen verschicken ab und zu welches und auch in Apotheken sollten Sie Info-Broschüren mitnehmen, auch wenn Sie das Material im Augenblick nicht benötigen. Bilder von fremden Ärzten, fremden Arztpraxen und Bilder, die die Anwendung verschiedener Arztinstrumente zeigen, sind für das Kind wichtig, um die Angst vor dem Bevorstehenden zu verlieren.
Treten Sie während der Untersuchung Ihrem Kind gegenüber möglichst ruhig und entschieden auf. Setzen Sie das Kind während des Arztgespräches so auf Ihren Schoß, daß es mit dem Arzt in Blickkontakt treten kann. Vorzeitige Trostversuche werden das Kind nur zusätzlich verspannen und ängstlich machen! Warten Sie also unbedingt ab, ob Ihr Trost wirklich gebraucht wird. Das Kind muß so oft wie möglich darauf aufmerksam gemacht werden, daß der Arzt keineswegs „böse“ ist, sondern alles nur unternimmt, um den Kranken zu helfen. Es ist sinnvoll, zu Hause schon einen Zettel mit Fragen vorzubereiten, denn oft vergißt man im Eifer des Gefechtes, gerade nach den Dingen zu fragen, die einem wichtig waren.

Bevor der Doktor kommt…

Ein angekündigter Besuch des Arztes oder auch ein Kontrollbesuch in der Arztpraxis kann, besonders beim sensiblen Kind, immer wieder Angst auslösen. Darum ist es wichtig, die bevorstehende Situation im Rollenspiel vorzubereiten. Mutter und Kind spielen „Doktor und Patient". Einmal wird die Mutter die Rolle des Arztes übernehmen, einmal ist sie selbst die Kranke und wird von ihrem kleinen Hausarzt untersucht. Dabei sollten möglichst viele realistische Situationen durchgespielt werden und als „Requisiten" auch reale Dinge wie Verbände, Pflaster und Spritzen benutzt werden. Im Spiel kann das Kind seine Ängste zum Ausdruck bringen. Die Mutter wird versuchen, die Ängste zu erkennen und durch Informationen zu mildern, bzw. sogar gänzlich zu zerstreuen.
Das Kind befindet sich durch die Krankheit in einer Streßsituation und ist deshalb oft übersensibel oder aggressiv. Gerade jetzt sind Appelle an die Vernunft und Geduld fehl am Platze. Das Rollen- bzw. Simultanspiel ist ein ideales Ventil zum Ablassen von Aggressionen. Es macht gar nichts, das gleiche Spiel mehrmals zu wiederholen. Vielleicht kann man ja auch das Spielmaterial variieren. Püppchen, Fingerpüppchen und Playmobilfiguren eignen sich sehr gut dazu, bevorstehende Situationen „in den Griff zu bekommen" bzw. durchlebte Situationen zu verarbeiten.

Was hat Herr Dr. Tümpelmaus bloß alles in seiner Tasche?

Bevor der Doktor tatsächlich zu uns ins Haus kommt, überlegen wir, was er wohl alles in seinem Arztkoffer mitbringen wird!
Einige Dinge kennt das Kind ja vielleicht schon: Spritze, Verband, die kleine Taschenlampe…
Größere Kinder schreiben auf einem Zettel auf, was der Doktor ihrer Meinung nach bestimmt in seiner Tasche haben wird.
Nicht vergessen, bevor der Doktor dann wieder geht, fragen wir, ob er uns einen Blick in seine Tasche erlaubt!

Der geheimnisvolle Arztkoffer

Holzspatel

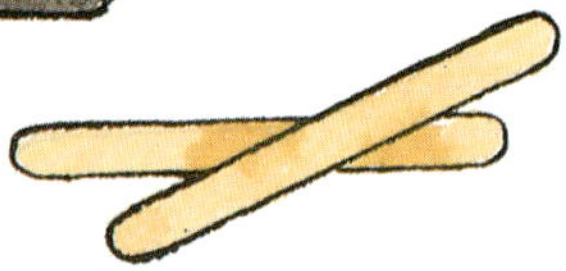

Spritzen

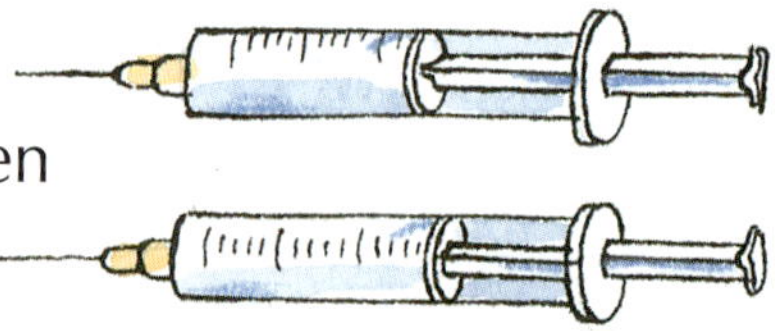

Scheren

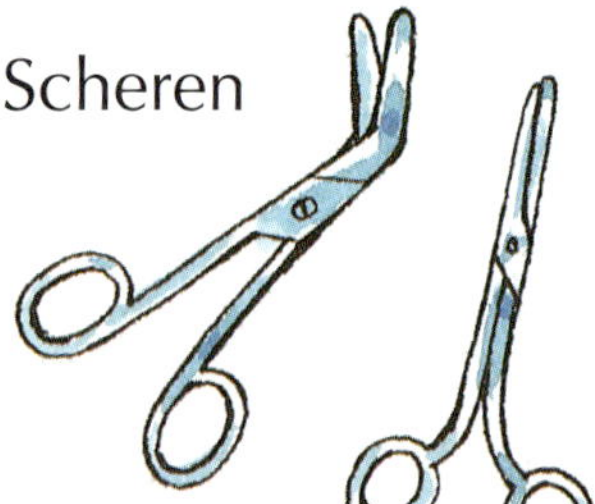

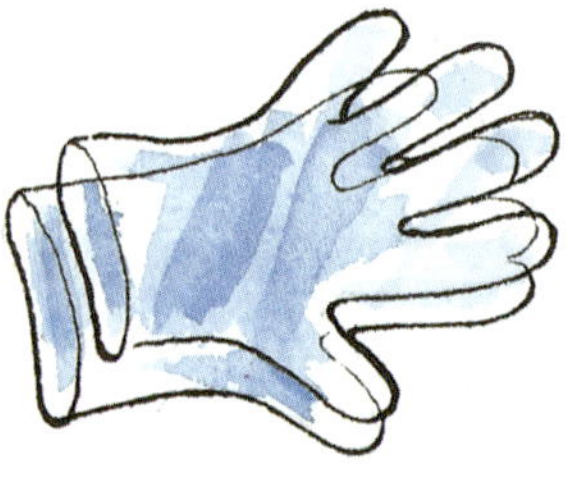

Einmal-Handschuhe

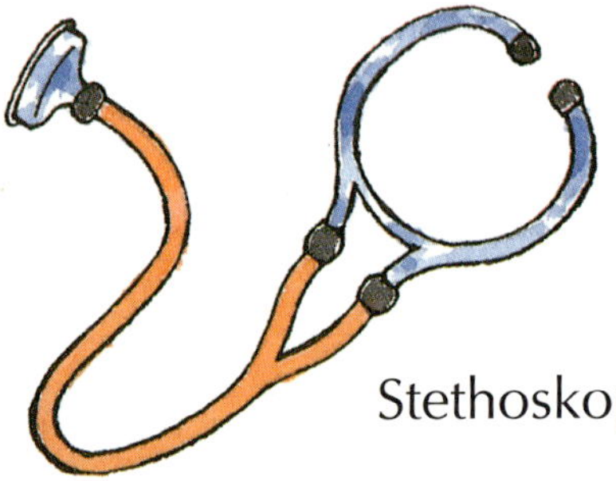

Stethoskop

Das Stethoskop ist ein Hörrohr. Damit kann der Doktor ganz deutlich hören, wie das kleine Herz schlägt und wie die Lungen arbeiten.

Verbandsmaterial

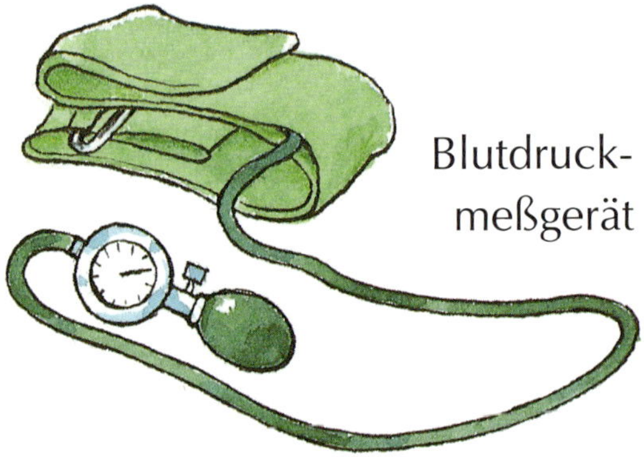

Blutdruckmeßgerät

Pinzette

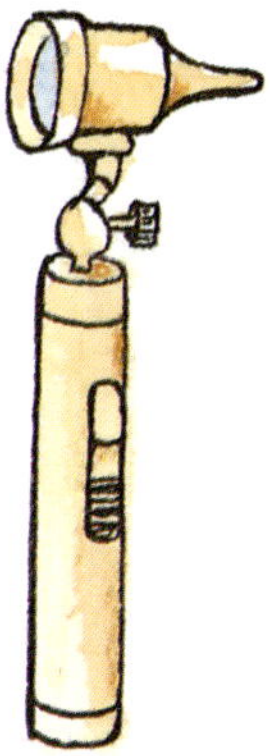
Otoskop

Mit dem Otoskop kann der Doktor in kleine Ohren und Nasen schauen.

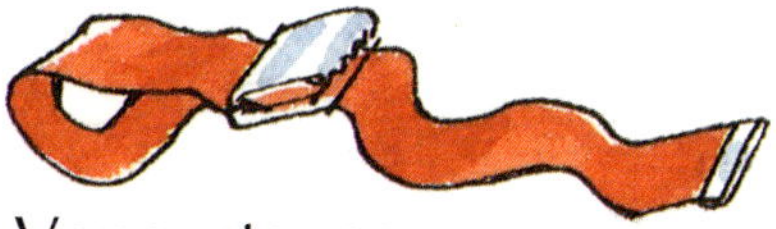
Venenstauer

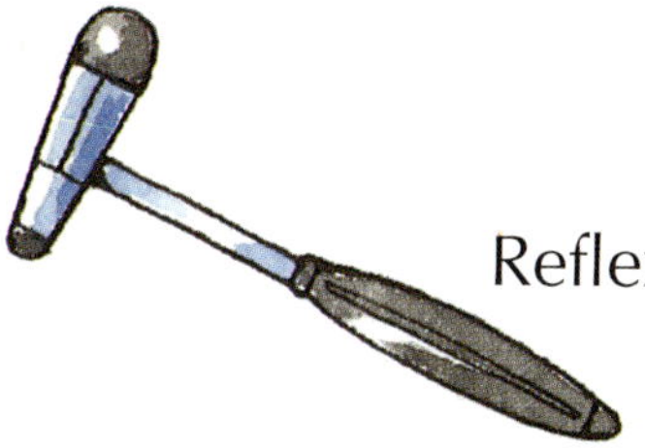
Reflexhammer

Einen „Reflex" kann man schlecht erklären. Du verstehst aber gleich, was gemeint ist, wenn du dieses kleine Experiment durchführst: Dein „Patient" setzt sich auf einen Stuhl und legt die Beine übereinander. Das obere Bein soll ganz locker auf dem unteren liegen. Jetzt schlägst du sanft mit der Handkante genau auf die Stelle unter dem Knie des oberen Beines. Paß auf, was jetzt passiert. Dein „Patient" schlägt aus! So etwas nennt man einen Reflex, weil es ganz automatisch geht. Der Arzt benützt zum Reflexetesten einen besonderen Hammer. Keine Angst, es tut nicht weh.

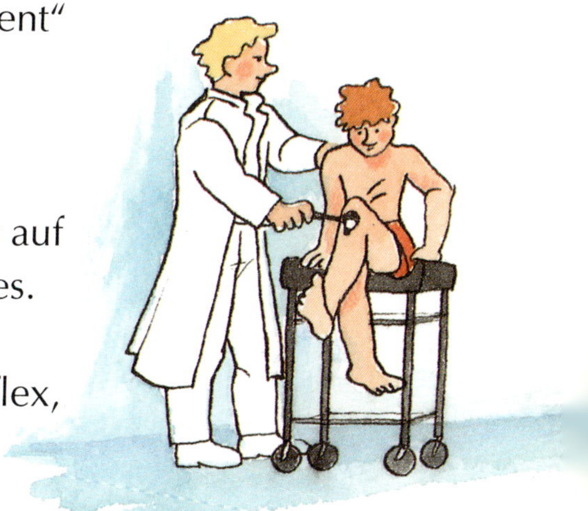

Hilfe, mein Puls wackelt!

Hast du schon mal deinen Puls selbst gemessen? Also, das geht so:
Du legst den Zeigefinger und den Mittelfinger deiner rechten Hand nebeneinander auf die Innenseite des linken Handgelenks. Am besten fühlt man den Puls unterhalb des Daumenballens.
Nun mußt du gleichzeitig die Zeit stoppen und die Pulsschläge zählen, und zwar genau 15 Sekunden lang. Die Anzahl der Pulsschläge mal vier ergibt die Anzahl der Pulsschläge pro Minute.
Beispiel: Ich zähle 21 Pulsschläge, nehme also 21 mit 4 mal und erhalte die Pulsschläge pro Minute, also 84.
Wenn du Lust hast, kannst du deinen Puls aber auch sichtbar machen. Dazu brauchst du ein Streichholz und einen Reißnagel.
Zuerst wird der Reißnagel vorsichtig in das untere Streichholzende gepikst.

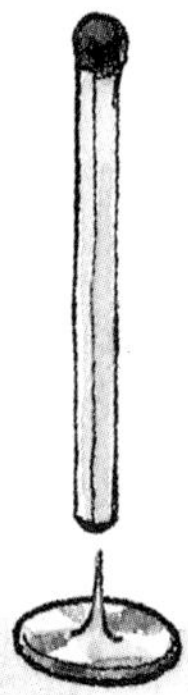

Nun stellst du das Streichholz auf die Stelle des linken Handgelenkes, an der du den Pulsschlag am deutlichsten fühlst. Natürlich mußt du deine Hand dabei ganz, ganz ruhig halten ...
Siehst du, wie das Streichholz wackelt? Es wackelt genau im Rhythmus deines Pulsschlages!

Achtung, Fieber im Anzug!

Viele, viele Krankheiten melden sich dadurch an, daß einem plötzlich ganz heiß und schwindelig wird. Die Augen glänzen, die Backen „glühen“ und besonders die Stirn wird heiß. Fieber ist ein deutliches Anzeichen, daß der Körper den Kampf gegen irgendwelche Bakterien oder Viren aufgenommen hat. Der Körper macht es genau richtig. Er will ja die feindlichen Krankheitskeime verjagen. Also ist Fieber auch nichts Schlechtes, sondern nur das Zeichen dafür, daß der Körper wunderbar funktioniert.
Mit dem Fieberthermometer wird die Temperatur im Körper gemessen.
Die normale Temperatur eines gesunden Menschen liegt bei 36,5 – 37,0 Grad Celsius. Steigt die Temperatur aber über 37,5 Grad, so hat man Fieber.

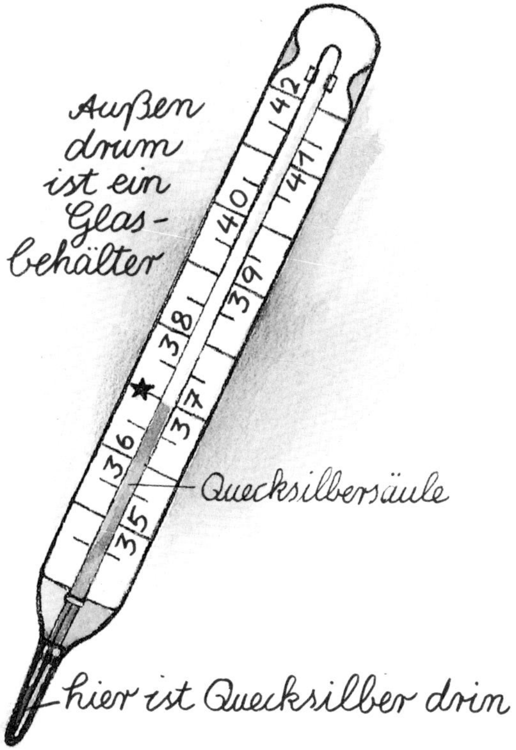

Und so funktioniert das Thermometer:
In der Spitze des Thermometers befindet sich Quecksilber. Beim Fiebermessen (z. B. im Po) wird das Quecksilber warm und dehnt sich aus. Es „kriecht“ in der dünnen Säule nach oben, je nachdem wie stark es erwärmt wird. Nach einigen Minuten ist dieser Vorgang abgeschlossen. Das Quecksilber steigt nicht mehr weiter. So, nun kann man ablesen, wieviel Grad Fieber der Patient hat.
Achtung! Geh mit einem Fieberthermometer immer sehr vorsichtig um, damit es nicht zerbricht!
Manchmal übernimmt sich der Körper auch und treibt das Fieber sehr hoch hinauf. In solchen Fällen kann es sein, daß der Doktor dir Tabletten oder Zäpfchen gibt, die das Fieber senken. Aber auch kalte Wadenwickel senken das Fieber.

Tips gegen Fieber:
– Der Körper verbraucht in seinem Kampf gegen die Krankheitserreger sehr viel Flüssigkeit. Du mußt also stets „nachtanken“ und soviel wie möglich trinken!
– Während man Fieber hat, wird einem manchmal schrecklich kalt, man liegt im Bett und klappert mit den Zähnen. Aber kurz darauf ist es einem wieder so heiß wie im Hochsommer. Höre auf deinen Körper! Deck dich zu, wenn du frierst, und deck dich ab, wenn es heiß wird!
– Miß mindestens dreimal am Tag deine Temperatur und schreibe sie auf! Der Arzt sieht daran genau, ob dein Körper noch Hilfe durch Medikamente braucht oder nicht!

Spritzen

Zu Spritzen braucht man eigentlich nur ein Wort zu sagen, nämlich: „Au!“
Manchmal sind Spritzen einfach unumgänglich. Da gibt es die eine Sorte Spritzen, bei denen das Medikament in die Vene gespritzt wird. Meistens wird dazu in die Innenseite der Armbeuge gespritzt. Die andere Spritzensorte wird in einen Muskel gespritzt, meistens in den Po. Spritzen sind unangenehm, darin sind sich auch die großen Patienten einig, aber es gibt Tricks, den Schmerz zu lindern.

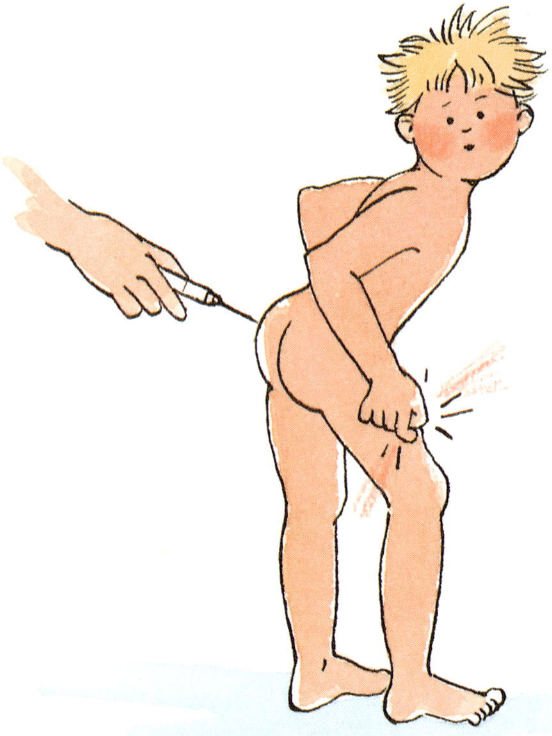

Trick 1:
Das Gute an Spritzen ist die Tatsache, daß sie gleich vorbei sind. Überlege dir also etwas Tolles für hinterher und denke ganz fest daran!

Trick 2:
Es ist leichter gesagt als getan, aber je mehr du dich entspannst, je lockerer du also die Muskeln läßt, um so weniger schmerzhaft ist die Spritze! Wenn du die Muskeln ganz fest anspannst, kannst du sie anschließend besonders gut wieder loslassen. Versuch’s mal.

Trick 3:
Kurz vor dem Einstich kneifst du dich mit der freien Hand zum Beispiel ins rechte Bein. Kneife so lange, bis die Spritze vorbei ist! Dieser Trick klappt bei fast jedem Menschen!

Trick 4:
Der klappt nicht bei allen Menschen, probiere ihn aber trotzdem aus! Schau genau zu! Versetz dich in die Rolle des Arztes oder der Schwester! Wie würdest du die Spritze geben? An welcher Stelle würdest du einstechen?

Trick 5:
Halte Mamas, Papas oder Schwester Lucys Hand, und gib den Schmerz an sie weiter, indem du die Hand, je nachdem wie weh es tut, drückst!

Vergiß nicht, dir die leeren Einwegspritzen (natürlich ohne Nadel!) geben zu lassen. Man kann so eine Spritze prima als Ersatz-Wasserpistole benützen.

Tips für Pillenschlucker

Wie kommt die Tablette in den Magen? Natürlich indem du sie schluckst! Manche Tabletten scheinen etwas dagegen zu haben und sträuben sich, geschluckt zu werden. Du trinkst und schluckst, doch siehe da, die Tablette liegt seelenruhig immer noch auf der Zunge! Dabei ist es wichtig, diese Dinger möglichst schnell zu schlucken, da einige von ihnen die unangenehme Eigenschaft haben, sich im Mund in übelschmeckenden Sand zu verwandeln. Also, hier kommen die besten Geheimtips erfolgreicher Tablettenschlucker:

Tip Nr. 1:
Lutsche vor dem Tablettenschlucken eine Weile lang einen Eiswürfel, nimm dann die Tablette und schlucke sie mit viel Flüssigkeit hinunter. Wenn es die Krankheit erlaubt, kann der Eiswürfel auch gegen ein Erdbeereis getauscht werden.

Tip Nr. 2:
Entspanne dich! Wer sich verkrampft und ständig an die Tablette im Mund denkt, bekommt sie nie hinunter. Also, an etwas Schönes denken und trinken!

Tip Nr. 3:
Sollte es deine Krankheit und deine Mama erlauben, so übe das Tablettenschlucken im Beisein eines Erwachsenen mit Smarties. Von den Dingern weißt du, daß sie bestimmt nicht bitter schmecken und hast also auch keine Angst, falls sie sich auflösen. Denke jetzt, es sei eine Tablette und schlucke sie mit viel Wasser! Beim Tablettenschlucken denkst du dir, es sei ein Schoko-Ufo und spülst es hinunter.

Tip Nr. 4:
Trinken, Tablette unter die Zunge legen und wieder langsam und gleichmäßig trinken! Na, die Tablette ist verschwunden, nicht wahr?

III. Wir gehen zum Arzt

Die Situation im Wartezimmer

Warten müssen ist besonders für kleine Kinder immer eine ungeheure Anstrengung. In den ersten paar Minuten sind die Kinder zwar noch mit der Erkundung der fremden Umgebung und mit dem Betrachten der Mitwartenden beschäftigt, dann heißt es aber auch schon: „Wann gehen wir denn endlich wieder heim?" Wer sich vorher in der Praxis angemeldet hat, der verkürzt sich und dem Kind nicht nur die Wartezeit, er verringert damit auch die Wahrscheinlichkeit einer Ansteckung durch andere Patienten. Für Eltern kann die Wartezeit besonders dann zur Tortur werden, wenn das Wartezimmer ausschließlich mit älteren Patienten besetzt ist. Da die Mitwartenden natürlich jedes Wort zwischen Mutter und Kind mitbekommen, fühlt man sich als Erwachsener im Hinblick auf seinen Erziehungsstil nicht selten auf dem „Präsentierteller".
Die Kinder fühlen die Anspannung der Eltern und es passiert oft, daß liebe, brave Kinder gerade jetzt zeigen, was sonst noch in ihnen steckt. Die neuesten Wörter aus dem Kindergarten, gekoppelt mit lauten Fragen: „Mama, was ist eigentlich ein Exhibitionist?" werden grundsätzlich in solchen Situationen gestellt. Eltern kennen das Prinzip: Je angespannter die Situation, desto katastrophaler das Verhalten des Kindes.
Tun Sie also alles, um die ungewohnte Situation zu entspannen! Sprechen Sie langsam, und versuchen Sie das Kind in der meist langen Wartezeit sinnvoll zu beschäftigen und damit gut abzulenken! Da in Facharztpraxen nur selten Spielmaterial vorhanden ist, wählen Sie zu Hause ein paar Dinge aus, die dem Kind die Zeit verkürzen werden: ein kleines Puzzle, ein Bilderbuch, Papier und Stifte für Spiele oder zum Malen. Auch ein Walkman mit einer lustigen Kassetten-Geschichte kann besonders die älteren Kinder sehr gut ablenken. Hier sei auch noch die heißgeliebte Nuckelflasche erwähnt, die die Kleinen in Streßsituationen beruhigt. Körperkontakt zu Mutter oder Vater vermitteln dem Kind Sicherheit. Kniereiterspiele, Fingerspiele und Kitzelspiele, bei denen das Kind auf dem elterlichen Schoß sitzen darf, vertreiben schnell die nervöse Anspannung. Eine zusätzliche Überraschung, z. B. ein neues kleines Büchlein oder ein Aufziehtierchen, dient für den Notfall oder nach dem Arztbesuch als Belohnung fürs Tapfersein.

Fingerpoker

Dieses Spiel ist ideal für Wartezeiten, man kann es jedoch erst mit Kindern ab etwa 6 Jahren spielen, denn man muß schon zählen können!
Der Phily „sammelt“ alle geraden Zahlen, sein Papa die ungeraden.
Nun wird laut das Startkommando gegeben: „Achtung, fertig, los!“ In diesem Augenblick zeigen beide Spieler eine beliebige Anzahl von Fingern.

Beispiel:
Phily zeigt zwei Finger.

Sein Papa zeigt sechs Finger.

Zusammengezählt ergibt das acht Finger. Die Zahl ist gerade, darum bekommt der Phily einen Punkt.
Wer am Schluß des Spieles die meisten Pluspunkte ergattert hat, ist Sieger!

Das Alphabet im Wartezimmer

Bei diesem Spiel soll man lauter Dinge nennen, die man im Wartezimmer oder in eurem Krankenzimmer sieht. Jedoch immer sorgfältig dem Alphabet entlang!
Abwechselnd nennt jeder einen Gegenstand.
Ganz schön schwierig, gell?
Wenn einem zu den Buchstaben „C, J, Q, X und Y“ nichts Passendes einfällt, darf man diese Buchstaben ruhig auslassen.

Schleifchen

Schleifchenbinden ist wie viele andere Fertigkeiten auch reine Übungssache.
Im Wartezimmer beim Kinderarzt haben Eltern und Kinder genau die Zeit, die für diese Übung nötig ist.
Vorbereitung:
Auf weiße Pappteller werden mit Filzstift zwei Schuhe aufgemalt.

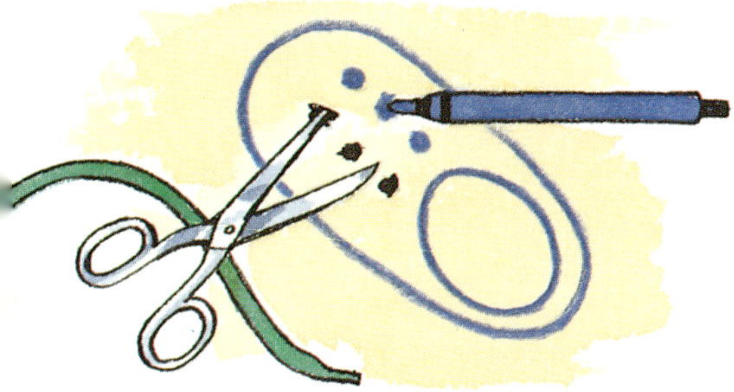

Die Löcher für die Schuhbändchen sticht man am besten mit einem spitzen Bleistift oder einer Schere von beiden Seiten mehrmals ein.

Man kann die Pappteller auch so anmalen:

Und so wird's gemacht:
Verschiedenfarbige dünne Schuhbändchen werden von dem Kind in die Löcher eingefädelt und dann zu Schleifchen gebunden.
Pappteller und Bändchen lassen sich am besten in großen Briefumschlägen verstauen und bleiben bis zu ihrem Einsatz in Mamas Handtasche.

Das Buchstabenverwurstelspiel

Weil man zum Buchstabenverwursteln die Buchstaben schon gut kennen muß, kann man dieses Spiel erst mit Schulkindern spielen.
Zuerst sehen wir uns im Wartezimmer ein wenig um, denn wir suchen ein geschriebenes Wort.
Aha, an der Tür dort drüben steht: „RÖNTGENRAUM".
Abwechselnd bildet jeder Mitspieler ein beliebiges Wort mit den zur Verfügung stehenden Buchstaben.
In unserem Fall kann man wirklich viele Wörter finden: Raum, grau, Traum, nagen, Magen, Auge, Unrat,...

Wer kein weiteres Wort mehr bilden kann, der sucht ein neues Grundwort für die zweite Spielrunde.
Natürlich kann man auch eine Illustrierte aufschlagen und darin nach einem geeigneten Wort suchen. Wichtig ist nur, daß alle Buchstabenverwurstler während des Spiels das Grundwort vor Augen haben.

Das Kind wird untersucht

Das ist eine Personenwaage.
Man stellt sich drauf,
und die Schwester liest ab,
wie schwer man ist.

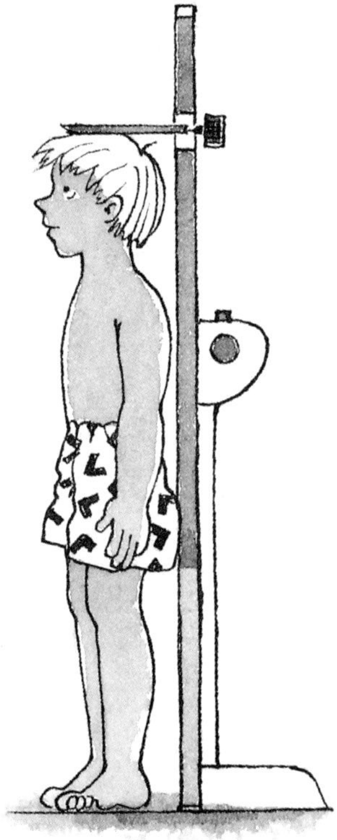

Hier wird die Körpergröße
gemessen. Man stellt sich
ganz aufrecht an den Meßstab.
Jetzt liest die Schwester ab,
wie groß man ist.
„Soso, schon wieder haargenau
zwei Zentimeter gewachsen."

Der Doktor möchte sich den Hals anschauen. Dafür macht man den Mund ganz weit auf, streckt dem Doktor die Zunge raus, und sagt: „Aaaaahh". Der Doktor drückt die Zunge mit einem Holzstäbchen leicht nach unten, damit er besser in den Hals sehen kann.

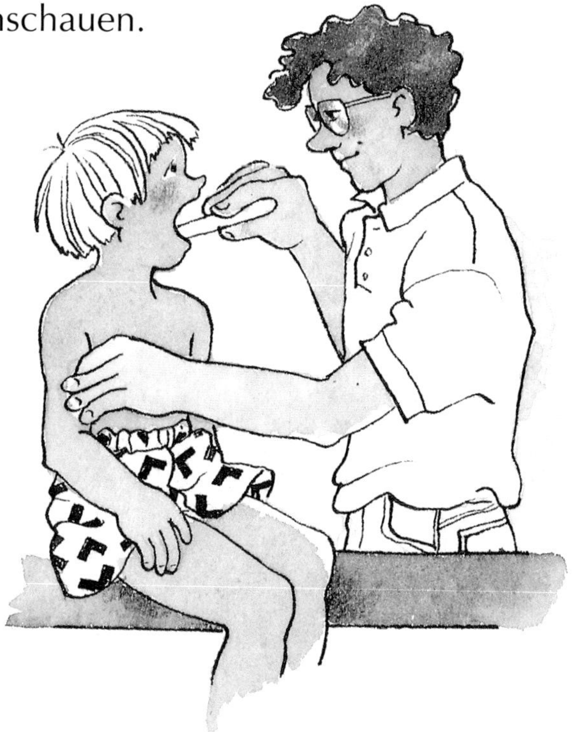

So ein Holzstäbchen heißt Spatel.

Von Schwester Lucy bekommt man ein kleines Becherchen. Da soll man hineinpinkeln. Wenn der Urin im Labor untersucht wird, kann manchmal eine versteckte Krankheit aufgespürt werden.
Es ist nicht immer leicht, auf Kommando in ein Becherchen zu pinkeln, wenn man gar nicht muß.

Tip: Dreh den Wasserhahn auf.

IV. Spiel und Spaß fürs Krankenbett

Drei Tage, eine Ewigkeit!

Kleine Kinder haben so gut wie kein Zeitgefühl, darum sind Angaben wie „am Nachmittag" oder „in zwei Stunden" völlig ohne Bedeutung für sie. Je älter das Kind wird, um so deutlicher wird seine Vorstellung von Zeit. Während einer Krankheit befindet sich der Patient fast ständig im Zustand des Wartens. Warten aufs Frühstück, auf die Behandlung, warten auf den Besuch – die Zeit scheint überhaupt nicht zu vergehen.
Die Regelmäßigkeit, mit der sich bestimmte Dinge im Tagesablauf bzw. Tag für Tag wiederholen, ist eine Voraussetzung für das Begreifen von Zeitspannen.
Kleine Kinder können die Zeit zuerst durch die regelmäßigen Mahlzeiten in den Griff bekommen. Jetzt heißt es: „Nach dem Mittagessen spielen wir Memory", oder „Nach dem Frühstück darfst du schon ein bißchen aufstehen". Diese Drei- oder Vierteilung des Tages hilft dem Kind, die Zeiträume des Wartens in etwa zu bemessen. Vier- bis fünfjährige Kinder können bestimmte Zeitabschnitte schon mit Hilfe der Uhr bemessen. Dazu stellt man ihnen einen möglichst großen Wecker neben das Bett und sagt z. B.: „Wenn der kleine Zeiger auf den roten Klebepunkt zeigt, bin ich wieder da!" Zeitabschnitte von mehreren Tagen kann man mit Hilfe von selbstgebastelten Kalendern, wie z. B. dem Türchen-Kalender, am besten verdeutlichen.

Der Kresse-Kalender am Fensterbrett

Ein prima funktionierender Zeitmesser ist das Kressegärtchen am Fensterbrett.
Das Kind streut die Kressesamen auf einen Teller, der zuvor mit nasser Watte ausgepolstert wurde. Die Kressesamen werden leicht angedrückt und müssen dann eigentlich nur feucht gehalten werden, alles weitere klappt von selbst. Kresse wächst so schnell, daß man dabei fast zuschauen kann. Jeden Tag macht unser Gärtchen einen deutlich sichtbaren Fortschritt, genauso wie das kranke Kind.
Größere Kinder können den Wachstumsvorgang sogar in einem Heft dokumentieren und jeden Tag ein kleines Bild von ihren Pflanzen malen.

Der Türchen-Kalender

Damit das Kind in etwa die „Ewigkeit" der Krankheitsdauer absehen kann, bekommt es einen Türchen-Kalender.
Er besteht aus buntem Tonpapier (DIN A 4) und einem gleichgroßen weißen Zeichenblatt. Je nachdem, wieviele Tage das Kind ungefähr im Bett oder im Krankenhaus bleiben muß, werden auf das Tonpapier entsprechend viele Fenster gezeichnet und mit einem Papiermesser eingeritzt.
Das weiße Zeichenpapier wird auf die Rückseite des Tonpapiers geklebt. Achten Sie darauf, daß kein Klebstoff hinter die Fenster gerät, sonst kann man die Fensterläden nicht mehr öffnen!
Jeden Abend spricht das Kind mit den Eltern über den vergangenen Tag. Was ist heute alles passiert? Was war das Wichtigste? Was war das Schlimmste und das Schönste?
Das wichtigste Ereignis wird nun festgehalten, indem das Kind oder die Eltern dazu ein passendes Bildchen in das Fenster zeichnen.

Selbstgewählte Zeiteinheiten

Es gibt so viele Möglichkeiten, die Zeit zu messen, wer braucht da schon eine Uhr?

– Wie viele Kniebeugen kann Evi machen, während die Uschi die Luft anhält?
– Wie viele Papierbälle kann Uschi vom Bett aus in den Papierkorb werfen, während Evi die Luft anhält?
– Auch eine Sanduhr ist ganz toll zum Zeitmessen geeignet. Max und Flori putzen sich so lange die Zähne, wie der Sand läuft.
– Wie lange braucht Schwester Lucy zum Bettenaufschütteln? Der Flori zählt genau zwölfmal bis zehn und macht für jede 10 einen Strich auf seinen Block!
– Wie viele Sechser würfelt Susanne, während die Kinder „Hänschen klein" singen?

Je öfter die Kinder Gelegenheit haben, die Zeit auf möglichst unterschiedliche Art zu messen, um so genauer wird ihr Zeitgefühl und um so besser können sie Wartezeiten abschätzen und aushalten.

Überraschungsbilder

Eine tolle Beschäftigung für ein krankes Kind sind die Überraschungsbilder.

So werden sie gemacht:
Auf weiße Blätter – am besten eignen sich einfache Briefkarten – malt man mit einem weißen Wachsmalstift oder einer kleinen weißen Kerze Bilder, z. B. ein Auto, ein Schiffchen, einen Baum. Natürlich sind diese Weiß-auf-Weiß-Zeichnungen fast nicht zu sehen.
Das Kind nimmt nun Wasserfarben und einen dicken Pinsel. Mit einer beliebigen Farbe malt das Kind einfach über das Blatt, und wie von Zauberhand werden die Konturen sichtbar.
Solche Überraschungsbilder können größere Geschwister ganz prima für kleine „kranke Mäuse" herstellen!

Der Gedankenspaziergang

Wer nicht draußen herumlaufen kann, der darf dafür etwas ganz Besonderes, nämlich in Gedanken an die liebsten Orte reisen, dort über Wiesen laufen oder auf einen Baum klettern. Wer will, kann das Spiel auch mit einem Rätsel beginnen. Die Mama erzählt von einem „geheimen Ort", und während das Kind die Augen geschlossen hält, beschreibt sie so genau wie möglich, wie es an dem „geheimen Ort" aussieht, was man hören oder riechen kann.
Plötzlich weiß das Kind, wo die Mama „herumspaziert" und erzählt vielleicht sogar selber weiter, von den tollen Dingen, die man dort spielen und erleben kann.

Das freche Gespenst

Wie aus einem einfachen weißen Taschentuch ein freches Gespenst wird? Ganz einfach!
Drei Taschentuchecken werden einzeln verknotet. Mit schwarzem Stift werden Augen, Nase und Mund aufgemalt, und schon kann der Spuk beginnen. Der Spieler schiebt Daumen, Zeigefinger und Mittelfinger von der Rückseite des Tuches in je einen Knoten.
Auf diese Weise kann das Gespenst übermütig herumzappeln, in die Hände klatschen und sogar kleine Gegenstände mit den Händen davontragen. So ein freches Gespenst darf auch manchmal Dinge sagen oder tun, die normalerweise nicht erlaubt sind: Es zwickt zum Beispiel in kleine Kinderzehen, tobt über die Bettdecke und schlabbert heimlich am Kamillentee, dem Lieblingsgetränk aller Gespenster!

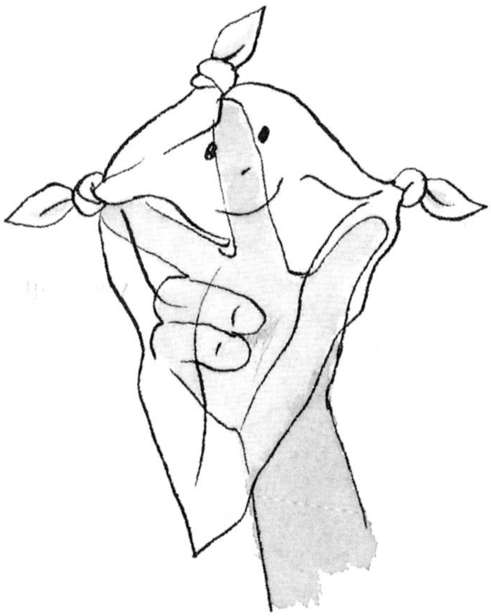

Futter für Leseratten und Bücherwürmer

Bücher sind ein ideales Mittel, um Langeweile zu vertreiben und abzulenken. Daneben können sie – vorausgesetzt man hat entsprechende Bücher zur Hand – auch hilfreich sein, dem Kind durch beispielhafte Erzählungen Mut zu machen.
Besonders geeignet sind also solche Geschichten, bei denen ein Kind oder auch ein Tier in eine schwierige Situation gerät, sie dann durch Mut und Ausdauer überwindet, um schließlich als Sieger aus dieser Situation hervorzugehen.
Ganz wichtig dabei: Die Geschichten müssen ein Happy-End haben, um das kranke Kind nicht zusätzlich zu belasten.
Für die Allerkleinsten eignen sich Bilderbücher, die einfach und klar gezeichnet sind. Etwas größere Kinder haben Spaß an Büchern mit sogenannten Wimmelbildern. Diese Bilder kann man immer wieder betrachten und entdeckt stets noch etwas Neues.
Ältere Kinder freuen sich über Witze- oder Streichebücher. Diese Bücher haben den besonderen Vorteil, daß sie das Kind nicht überfordern und schon nach kurzem Lesen Erfolgs- sprich Lacherlebnisse bieten.
Auch Sachbücher, entsprechend der Neigung des Kindes oder ein bunt bebildertes Lexikon regen das Kind an und lenken es von seiner Krankheit ab.
Zuletzt seien noch die Rätsel- und Lernspielhefte genannt. Hier gibt es eine Fülle lustiger Hefte, in denen das Kind nach Herzenslust malen, spielen und rätseln kann. Diese Hefte sind preisgünstig und daher auch ein ideales Mitbringsel für die Kinder.

Aladins Wunderbett

Wer bislang glaubte, ein Bett sei nur ein Bett, der hat sich getäuscht! Mit einigen kleinen Hilfsmitteln kann sich so ein Kinderbett auf erstaunliche Weise verwandeln!
Mit Decken, vielen Kissen und einer Taschenlampe wird das Bett zur Gespensterhöhle. Vielleicht verwandelt sich das Bett sogar in eine Eisenbahn. Der Patient „verkauft" Fahrkarten an Geschwister und Freunde. Dann heißt es „Alles einsteigen! Türen schließen!", und schon setzt sich der Zug in Bewegung. Das Bett wird einmal zum Piratenschiff, zum fliegenden Teppich, ein anderes Mal zur Ritterburg oder zum Raumschiff. Besonders für Kinder, die lange Zeit das Bett hüten müssen, ein ideales Spiel!

Farbenkärtchen

Zwanzig Farbkärtchen gehören zu einem Spiel. Sie sind schnell hergestellt und ermöglichen eine Menge kleiner Spiele für Kinder ab 3 Jahren.

So werden die Farbkärtchen gebastelt:
Aus fester weißer Pappe werden 20 quadratische Kärtchen mit 5 cm Seitenlänge ausgeschnitten. Mit Buntstiften malt man nun die Vorderseite von je zwei Kärtchen in der gleichen Farbe an. Wir haben diese zehn Farben ausgewählt: Rot, Blau, Gelb, Grün, Weiß, Schwarz, Braun, Orange, Grau und Rosa.
Natürlich können die Kärtchen auch mit Buntpapier in den entsprechenden Farben beklebt werden. Aufgehoben werden die Spielkärtchen

am besten in einer kleinen Schachtel oder einem festen DIN-A5-Briefumschlag. Und so wird gespielt:

Farben benennen

Ganz kleine Kinder suchen verschiedene Kärtchen heraus und benennen sie. Nun darf abwechselnd das Kind oder der Erwachsene eine Farbe nennen, und der Spielpartner zeigt auf das entsprechende Kärtchen. Eventuell sucht er noch das Partnerkärtchen heraus.

Freund gesucht!

Jeder der beiden Spieler erhält zehn Kärtchen unterschiedlicher Farbe. Nun zeigt der Papa vielleicht sein blaues Kärtchen und der Flori sucht seinen blauen „Freund".

Die Farbenschlange

Das Kind legt eine Farbenschlange auf den Tisch. Aber Vorsicht! Es dürfen nie zwei gleiche Farben nebeneinander liegen!

Kunterbuntes Memory

Alle Spielkärtchen werden gemischt und mit der farbigen Seite nach unten auf dem Tisch ausgebreitet. Abwechselnd darf jeder Spieler zwei Kärtchen umdrehen. Stimmen die beiden Farben überein, darf der Spieler sie auf seine Seite legen und so lange weiterspielen, bis er zwei ungleiche Farbkärtchen aufdeckt. Dann ist der nächste an der Reihe. Sind alle Kärtchen „verbraucht", legt jeder Spieler seine erbeuteten Farbkärtchen auf einen Stoß. Die Stöße werden verglichen, und derjenige ist Farben-Memory-König, der den höchsten Stapel besitzt!

Stop!

Beide Spieler bekommen je zehn verschiedenfarbige Kärtchen. Sie werden gemischt und mit der farbigen Seite nach unten aufeinandergestapelt.
„Achtung, fertig, los!" Sofort drehen beide Spieler ihr oberstes Kärtchen um. Sind die Farben gleich, so muß man sofort „Stop!" rufen, ungleiche legt man zur Seite. Wer das zuerst tut, erhält das Kartenpaar als Gewinn! Wenn die Kartenstapel aufgebraucht sind, werden die zur Seite gelegten Kärtchen neu gemischt und verglichen. Am Schluß, wenn alle Kärtchen ihren Besitzer gefunden haben, werden die Kartenpaare gezählt und der „Stop"-Sieger beglückwünscht!

Hokuspokus!

Ein paar weiße Blätter, Kohlepapier, vier Büroklammern und ein kopfloses Streichholz sind die Ausrüstung zum Zauberbildermalen.
Zuerst legt man das Kohlepapier zwischen zwei weiße Blätter und klemmt alles mit den Büroklammern fest, damit beim Malen nichts verrutschen kann.
Muß das Kind im Bett liegen, braucht es natürlich eine glatte Unterlage, z. B. ein Tablett, um zeichnen zu können.
Aber jetzt geht's los! Das Kind malt mit dem Hölzchen ein unsichtbares Bild auf das Papier. Ist das Werk fertig, werden die Papierschichten vorsichtig auseinandergenommen. Hokus, pokus, was ist das? Auf dem unteren Papier ist tatsächlich ein Bild entstanden. Hui, wie das aussieht! Gleich nochmal?
Für das nächste Zauberbild wird nur das unterste Blatt Papier durch ein neues ersetzt.

Was ist denn das?

Jetzt suchen wir erstmal ein paar Gegenstände zusammen, die sich eigentümlich anfassen. Ein Radiergummi, eine Handbürste, eine Mohrrübe, ein Stück Seife wären für dieses Spiel toll geeignet.
Beide Spieler haben ihre Hände unter der Bettdecke. Nun gibt ein Spieler dem anderen einen beliebigen Gegenstand in die Hand. Der Mitspieler tastet genau, muß vielleicht ein bißchen raten, um dann sagen zu können, um welchen Gegenstand es sich handelt. „Das ist ein Topfkratzer!" Ob's stimmt? Der Ratende darf den Gegenstand unter der Bettdecke hervorziehen und nachschauen, ob er richtig vermutet hat.

Silben-Rennen

Das Spiel ist für zwei und mehr Spieler ab etwa 7 Jahren gedacht. Zuerst bekommt jeder Mitspieler ein Blatt Papier und einen Stift und bereitet sich ein Spielblatt vor.

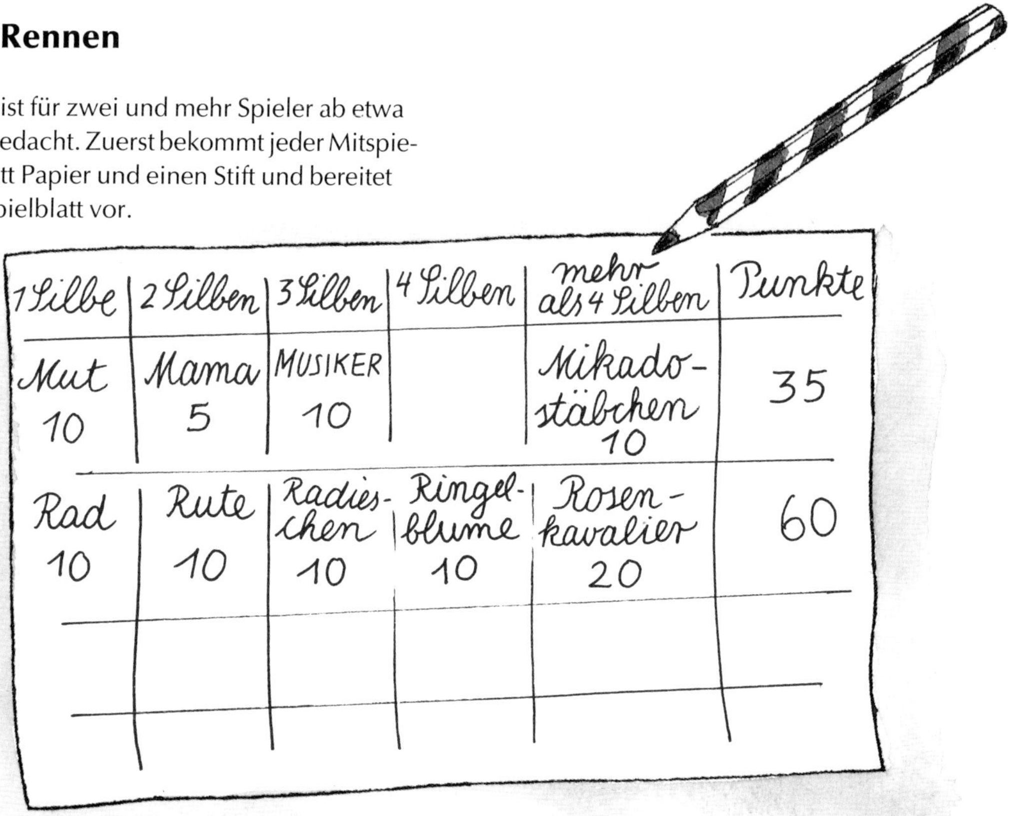

Ein Spieler sagt laut „Aaa…" und in Gedanken sagt er so lange das Alphabet weiter, bis ein Mitspieler „Halt!" ruft. Den Buchstaben, den der erste in diesem Augenblick im Kopf hat, sagt er laut, z. B.: „M".
Nun schreiben alle Spieler so schnell wie möglich in jede Spalte ein passendes Wort mit dem Anfangsbuchstaben „M". In die erste Spalte kommt also ein einsilbiges Wort, z. B. „Mut", in die zweite Spalte wird ein zweisilbiges Wort eingetragen, z. B. „Mama" und so weiter. Wer zuerst alle Spalten ausfüllen konnte, ruft „Stop!" In diesem Moment müssen alle Spieler sofort den Stift aus der Hand legen.
Jetzt wird „abgerechnet". Die Spieler lesen abwechselnd ihre Wörter vor. Für jedes richtige, aufgeschriebene Wort dürfen sich die Spieler je 10 Punkte gutschreiben, es sei denn, ein anderer Spieler hat genau das gleiche Wort. Dann bekommt jeder nur 5 Punkte. Ist nur einem Spieler ein entsprechendes Wort eingefallen, so erhält er 20 Punkte! Am Schluß zählt jeder Spieler die Punkte zusammen, die er ergattern konnte, und trägt sie in der letzten Spalte unter „Punkte" ein.
Nun kann schon die zweite Spielrunde gestartet werden. Wer will, kann zuletzt, wenn die ganze Tabelle ausgefüllt ist, die Punkte zusammenzählen und so den Sieger im Silben-Rennen ermitteln.

Ich hab' Angst

Angst gehört zum Leben. Angst im Zusammenhang mit Krankheit ist um so verständlicher, je mehr man sich bewußtmacht, daß Kinder in den ersten Jahren viele Dinge und Ereignisse auf der Welt als zauberhaft und geheimnisvoll empfinden. Wenn sich Phantasie mit vermeintlicher Bedrohung paart, werden Krankenschwestern zu Hexen und ein operativer Eingriff oder eine schmerzhafte Behandlung zum Angriff.
Sätze wie „Hab' doch keine Angst!" helfen natürlich gar nichts, auch „tapfer wie ein Indianer" zu sein, geht vielleicht für ein paar Minuten, länger aber bestimmt nicht.
Eltern sollten die Angst der Kinder ernst nehmen und stets das Gespräch über die Angst suchen. „Rauslassen" ist immer besser als „Runterschlucken"! Die Aufgabe der Eltern besteht darin, dem Kind Schritt für Schritt die Realität verständlich zu machen. Es ist, wie bei den Erwachsenen auch, oft die Unkenntnis, die die Angst auslöst oder noch verstärkt.
Das seelische Gleichgewicht des Kindes steht als Grundlage für das Gesundwerden immer im Vordergrund. Wenn ein Kind den Eltern vertraut, werden sie es schaffen, ihm seine Krankheit und alle damit verbundenen Prozeduren einigermaßen verständlich zu machen. Voraussetzung ist, daß das Kind gedanklich und sprachlich schon in der Lage ist, sich mit einfachen Gegebenheiten auseinanderzusetzen. Es ist wichtig, daß die Eltern den Kummer des Kindes annehmen, ihn aber auch nicht überbewerten. Eltern sollten stets offen und vor allem ehrlich mit ihrem Kind sein. Wenn Sie behaupten, die Spritze „tut doch überhaupt nicht weh", und sie schmerzt doch, werden die Kinder auch allen weiteren Behauptungen mißtrauen. Natürlich wird man Schmerzen nicht in blühendsten Farben schildern, aber man kann offen sagen, wie es ungefähr sein wird, am besten vergleichend mit einem schon einmal erlittenen Schmerz. Gleichzeitig sollte man aber auch versuchen, das Kind abzulenken, damit es sich nicht immer mehr in seine Angst hineinsteigert.
Ablenkung und Beschäftigung sind wichtige Methoden, die Zeit der Krankheit und speziell den Aufenthalt im Krankenhaus zu erleichtern. Stets ein Blick auf das Danach, z. B. „Wohin fahren wir in die Ferien?", „Was wünscht du dir zu Weihnachten?" und andere positive Gedanken helfen dem Kind, einen grauen Tag zu überwinden.
Aber auch Eltern haben Angst, Angst um ihr Kind. Sie haben Angst vor Untersuchungen, möglicherweise vor einer Operation, vor Behandlungen, deren Art und Zweck sie nicht verstehen und letztendlich Angst, das Kind zu verlieren. Nur ungern lassen sie es allein oder überlassen es der Pflege fremder Menschen. Denken Sie, liebe Eltern, daran, daß sich Ihre Angst auf das Kind überträgt, und tun Sie alles, um Ihre Angst möglichst zu verlieren. Darum fragen Sie Ärzte und Schwestern genau, und wenn's sein muß immer wieder, bis Ihnen alle Details der Krankheit des Kindes, die Therapiemaßnahmen und gegebenenfalls auch die Auswirkungen auf Ihre familiäre Situation bekannt sind. Versuchen Sie, das Kind nach Möglichkeit nichts von Ihrer Unruhe spüren zu lassen. Sprechen Sie betont ruhig und langsam mit dem Kind. Das hilft auch Ihnen selbst!
Lassen Sie sich nicht überfahren! Wenn der Arzt jetzt keine Zeit für ein Gespräch hat, so lassen Sie sich einen Gesprächstermin geben. Wenn

Sie bei Ihrem Kind bleiben wollen, so erklären Sie das den Ärzten und Schwestern. Weisen Sie darauf hin, wie wichtig die seelische Verfassung Ihres Kindes für seine Genesung ist! Vor welcher Situation Sie auch immer stehen: Ihre einzigartige Beziehung zu genau diesem Kind sagt Ihnen, was in welcher Situation zu tun ist. Selbst wenn Ihnen vorgehalten werden sollte, sich dem kranken Kind zu sehr zu „opfern". Tun Sie, was Ihrem Empfinden entspricht. Viele Kinder sind durch die Liebe ihrer Eltern schneller gesund geworden!

Schmusezeit

Diese Zeit gehört ausschließlich dem Kind. Zeigen Sie ihm, wie wichtig Ihnen diese Zeit ist. Zu Hause kann man das Telefon demonstrativ aushängen und ein Schild an die Tür hängen „Bitte nicht stören!".
Natürlich dient die Schmusezeit nicht nur dem Schmusen und Kuscheln selbst. Hier ist auch Zeit für wichtige Gespräche oder Erklärungen. Oft können Kinder in dieser Schmusezeit all die Dinge loswerden, die auf ihrer Seele lasten, oder genau die Fragen stellen, die sie sich vielleicht in der Hektik des Alltags verkniffen haben. Ängste und Sorgen werden herausgelassen und lösen sich vielleicht sogar im Gespräch auf.
Die daraus resultierende, wohltuende Entkrampfung wirkt sich in jedem Fall positiv auf das Gesundwerden des Kindes aus!

Kuckuck!

Dieses berühmte alte Spiel kennt eigentlich jeder. Die Mama versteckt sich z. B. hinter der Zeitung. „Oh, Mama weg!" Aber dann blinzelt sie über den Zeitungsrand. „Kuckuck, da ist sie wieder!" Hurra, welch eine Freude!
Abschied und Wiedersehen folgen so kurz hintereinander, daß gar keine Zeit zum Traurigsein bleibt! Selbst wenn man die „Trennungszeit" verlängert, weiß das Kind: „Gleich kommt die Mama wieder!"
Ein wichtiges Spiel, bei dem das Kind Vertrauen zur Bezugsperson erlangt und die Erfahrung macht, daß die Mama es niemals für immer allein lassen würde.

Oder wir spielen so:
Das Kind kneift die Augen ganz fest zu und blinzelt dabei fast gar nicht! Die Mama versteckt sich so im Zimmer, daß wenigstens noch ein Mama-Arm hinter dem Vorhang oder ein Mama-Fuß unter dem Tisch hervorschaut. Jetzt heißt es suchen und gebannt warten bis – „Kuckuck" – die Mama endlich wieder ganz da ist.

Ich bin doch kein Baby!

Eine schwerwiegende Änderung im Leben des kranken Kindes ist die Einschränkung der Bewegungsfreiheit.
Jedes Kind macht im Verlauf der ersten Jahre eine ungeheure Menge kleiner Entwicklungsschritte, die es von der totalen Abhängigkeit allmählich zur Selbständigkeit führen. Mit Recht ist jedes Kind stolz auf die Fortschritte, z. B. selbständig auf die Toilette gehen zu können. Nun aber, im Stadium der Krankheit, verliert das Kind plötzlich diese Selbständigkeit, wird unter Umständen gefüttert, soll im Bett „aufs Töpfchen gehen" und vieles andere.
Für die meisten Kinder ist dieser Rückschritt problematisch. Sie wehren sich dagegen und werden aggressiv. Diese Aggression wird um so heftiger, je mehr das Kind in seiner Bewegung eingeschränkt ist, denn die Bewegung ist zum Abbau von Aggressionen bei Kindern äußerst wichtig.

– Verstehen Sie die Reizbarkeit und gestaute Wut des Kindes und antworten Sie nicht durch Drohung, Bestrafung oder gar Liebesentzug.
– Die Einschränkung der Bewegungsfreiheit und aller damit einhergehenden Entwicklungsrückschritte muß auf ein Mindestmaß reduziert werden. Beispielsweise kann ein Kind, das sich den rechten Arm gebrochen hat, durchaus auch mit der linken Hand essen, vorausgesetzt, man deckt das Bett entsprechend ab und nimmt etwaige „Ausrutscher" nicht zu genau.
– Die Intimsphäre des Kindes muß weitestgehend gewahrt bleiben. Wer bekommt keine Verdauungsschwierigkeiten, wenn das Zimmer voller fremder Menschen ist und man unter den wohltuenden Augen Tante Luises brav „sein Geschäftchen" machen soll?
– Sorgen Sie für sinnvolle Beschäftigungen, bei denen sich das Kind soviel wie möglich bewegen kann.
Es ist gar nicht einfach, Möglichkeiten zum Abbau von Aggressionen zu schaffen, besonders wenn das Kind in seiner Bewegung eingeschränkt ist. Folgende Vorschläge haben sich als besonders geeignet erwiesen:

Autocrash

Kinder, die lange Zeit im Bett liegen müssen, können ihren angestauten Bewegungstrieb mit ferngesteuerten Autos ablassen.

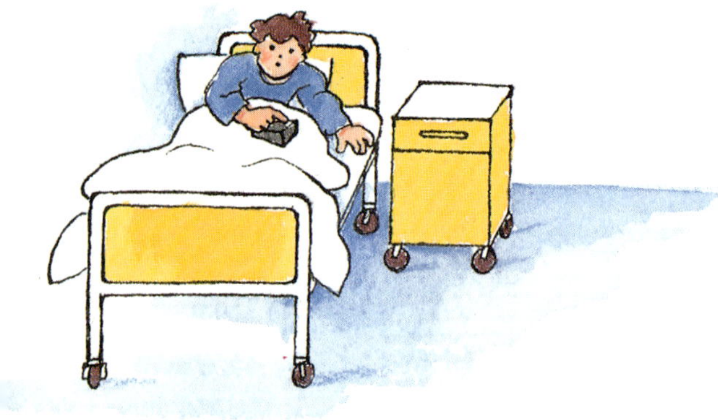

Boxbirne

Für größere Kinder ist das ein tolles Vergnügen. Stopfen Sie einen alten Kissenbezug fest mit Handtüchern aus und knoten Sie zwei gegenüberliegende Zipfel an je ein Stück Seil. Ein Seilende wird an der Zimmerdecke befestigt, das andere Ende z. B. an einem Bettpfosten oder am Schrank. Das Kissen selbst soll sich in Schulterhöhe des Kindes befinden. Jetzt kann das Kind nach Herzenslust seine angestauten Aggressionen in das Kissen boxen. Natürlich gibt es auch ganz tolle Boxbirnen für Kinder zu kaufen.

Papierschlacht

Auch alte Zeitungen erfüllen noch eine sinnvolle Aufgabe: Aus ihnen kann man viele Zeitungsbälle knäulen, um damit entweder möglichst hohe Türme aufzubauen oder eine wilde Zeitungsballschlacht zu veranstalten. Außerdem können Zeitungspapierbögen zu meterlangen Schlangen oder anderen Gestalten zerrissen werden.

Hammerspiel

Besonders wirkungsvoll für energiegeladene Kinder ist das Hammerspiel. Es ist von verschiedenen Firmen im Spielzeughandel erhältlich. Eine kleine Holzbank ist mit einigen dicken Holznägeln versehen, die mit einem Hammer eingeschlagen werden sollen. Ist das geschafft, wird die Holzbank einfach umgedreht, und die Nägel werden wieder zurückgeschlagen. Wenn der Krach nicht stört, ist das Spielzeug ideal zum Abbau von Ärger und Wut.

Pusteball

Bevor man Geschwister, Eltern oder Freunde zu diesem spannenden Pustespiel auffordern kann, muß natürlich erst einmal das Spielfeld gebastelt werden.

Für ein Spiel braucht man:
den Deckel einer Schuhschachtel
2 Watteböllchen
2 dicke Strohhalme
einen kleinen Karton (z. B. von Tabletten)
Krimskrams wie z. B.: Steinchen, Stöckchen, leere Garnspulen,...

So wird gebastelt:
Zuerst wird der Deckel des kleinen Kartons herausgetrennt. Dann soll ein Erwachsener den Karton mit einer Schere oder einem Messer in zwei Hälften schneiden.
Nun hat man zwei Kartonhälften, die man als Tore in den Schuhschachteldeckel einklebt.
Durch eine Mittellinie wird die Fläche in zwei Spielfelder eingeteilt. Anschließend werden die kleinen Krimskramsdinge gleichmäßig auf beide Spielfelder verteilt und als Hindernisse festgeklebt.
Jetzt legt man nur noch einen Pusteball (Watteböllchen) in die Mitte, und schon kann das Spiel beginnen!

So wird gespielt:
Auf die Plätze, fertig, los!

Beide Spieler stecken ihre Strohhalme in den Mund und versuchen, den Ball in das gegnerische Tor zu pusten. Sofort ist ein wildes, spannendes Spiel im Gange.

Der Krickel-Krackel-Zoo

Das Kind kneift fest die Augen zu und malt ganz wild mit einem Buntstift „Krickel-Krackel" auf ein großes Zeichenblatt. Augen auf! Hui, was ist das für ein Tier? Sieht fast ein bißchen wie ein dickbäuchiger Kugelsaurier aus. Aber der braucht ja noch Augen und eine dicke Knollennase! Das Bild wird also noch verbessert, Details werden eingezeichnet, und wer will, kann das Tier sogar noch mit Mustern bemalen.

Heile, heile Segen

Heile, heile Segen,
drei Tage Regen,
drei Tage Schnee!
Nun tut's nimmer weh!

Heile, heile, heile,
das Kätzchen lief den Berg hinan,
und als es wieder runter kam,
war alles wieder gut.

Oh Jammer, oje,
mein Bäuchlein tut weh.
Juche und juchei,
bald ist es vorbei.

Heile, heile Segen,
sieben Tage Regen,
sieben Tage Sonnenschein,
wird gleich wieder besser sein!
Drei Tage Schnee,
tut schon nicht mehr weh!

Heile, heile Kätzchen,
s'Kätzchen hat vier Tätzchen
und einen langen Schwanz,
morgen ist alles wieder ganz.

Vögel, die nicht singen,
Glocken, die nicht klingen,
Kinder, die nicht lachen,
was sind das für Sachen?

Fünf kranke Fingerchen

Die fünf Finger an meiner Hand sind alle krank:	–	Die fünf Finger des Kindes liegen in der Hand des Erzählers.
der hat Fieber,	–	... mit dem Daumen wackeln
der hat Husten,	–	... mit dem Zeigefinger wackeln und husten
der hat Kopfweh,	–	... mit dem Mittelfinger wackeln
der hat keinen Hunger	–	... mit dem Ringfinger wackeln
und dem kleinen Burschen hier rumpelt der Bauch.	–	... den kleinen Finger oben fassen und schütteln.

Das folgende altbekannte Fingerspiel eignet sich gut dafür, um mit Kindern über Unfallursachen und Möglichkeiten der Unfallvermeidung zu sprechen.

Steigt ein Büblein auf den Baum

Steigt ein Büblein auf den Baum,	– Mit den Fingern der rechten Hand auf dem Kind hochkrabbeln.
steigt so hoch, man sieht es kaum,	– ...bis zum Kopf
steigt von Ast zu Ästchen,	– ...auf den linken Arm
guckt ins Vogelnestchen.	– ein Finger „guckt“ ins linke Ohr.
Ei, da lacht es, ei, da kracht es,	
plumps – da liegt es unten.	– Hand „purzelt“ herunter.

Der Daumen geht schlafen

Philys* Daumen, dick und nett, legt sich in sein warmes Bett.	– * Name des Kindes Rechter Daumen wird in die linke Handfläche gelegt.
Zieht die Decke über'n Kopf,	– Die Finger der linken Hand werden über den Daumen gelegt.
man sieht nichts mehr von seinem Schopf.	
Jetzt hör mal ganz genau – der Daumen, der ist schlau – er schläft schon sacht, „Gute Nacht“.	– Kind lauscht an der Hand, Erzähler schnarcht leise.

Weniger ist mehr

Jeder kennt das wahrscheinlich aus eigener Erfahrung: Da nimmt man sich ins Krankenbett die kiloschweren Wälzer mit, die man längst mal lesen wollte, aber man schafft mit viel Mühe gerade das Vorwort, schleppt sich vielleicht noch über die ersten drei Seiten. Dann tauscht man das Buch gegen eine bunte Illustrierte, und selbst da erschöpft sich der Genuß vieler Artikel meist im Lesen der fettgedruckten Überschriften. Ob Groß oder Klein, im Krankenzustand heißt die Devise: „Unterforderung tut not." Belastet mit den unterschiedlichsten Ängsten und der Krankheit, ist zusätzliche Anstrengung wirklich fehl am Platze!
Hingegen ist alles gut, was der Aufheiterung, der Entspannung und Ablenkung dient.
Im Kinderkrankenhaus habe ich 14jährige Jungen beobachtet, die mit Freude Türme aus bunten Bauklötzen bauten!
Bitte denken Sie auch daran, daß dramatische Filme und Kindergeschichten bei den kranken und daher äußerst sensiblen Kindern Ängste hervorrufen können. Fieber beispielsweise verstärkt und verzerrt manchmal auf bedrohliche Weise irgendwelche Bilder und bringt die Kinder aus ihrem sowieso schon labilen Gleichgewicht.

Gehen Sie ruhig einen Schritt zurück, was die Anforderung an das Kind betrifft. Wählen Sie einfaches Spielzeug aus, das dem Kind Erfolgserlebnisse sichert. Kuscheln, streicheln, schaukeln Sie ruhig auch die großen Kinder. Manchmal bieten sich auch einfache Tätigkeiten im Haushalt an, die den Kindern nebenher noch das Gefühl vermitteln, gebraucht zu werden. Zum Beispiel Fotos einkleben oder Rezepte sortieren.

Die Ketten-Werkstatt

Auffädeln macht allen Kindern Spaß. Dreijährige sind begeistert und stolz, wenn die bunte Kette immer länger wird. Aber sogar zehnjährige kranke Kinder beschäftigen sich sehr gerne damit.

Wer keine Holzperlen zur Verfügung hat, schneidet dicke bunte Strohhalme in ein Zentimeter lange Stückchen. Sonst eignen sich auch Nudeln (z. B. Rigatoni) und Popcorn! Zum Auffädeln benutzt man am besten sehr lange Schnürsenkel oder ein Stück Schnur, um dessen Enden man ein kleines Stück Tesafilm wickelt. Mit einem auf diese Weise verstärkten Ende läßt es sich besonders gut auffädeln.
Ganz besonders fleißige Auffädler können neben Armbändern und Ketten sogar bunte Girlanden herstellen!

Malen mit Schablonen

Manchmal ist man so krank, daß nicht mal das Malen Spaß macht. Wie wäre es aber mit Ausmalen oder Muster-Malen? Wer will, kann sich die Ausmalfiguren sogar selbst vorzeichnen. Prima geeignet sind Ausstechförmchen von Weihnachtsplätzchen.
Mit einem dicken schwarzen Stift fährt man außen um die Formen herum. So kann man einen Sternenhimmel zaubern oder eine Wiese voller Blumen, ein großes Herz mit vielen kleinen Herzchen schmücken und vieles mehr. Zum Ausmalen eignen sich Buntstifte oder Wachsmalstifte gut.
Wer hat Lust, eine Handschuhfabrik zu eröffnen? Zuerst werden viele, viele verschiedene Handschuhe hergestellt. Dazu legt man seine Hand aufs Papier, fährt mit dem schwarzen Stift um die Hand herum und malt die Handschuhe mit bunten Mustern an. Ganz lieben Besuchern zeigt man seine Produkte, und vielleicht verschenkt man auch mal ein Paar?

Ausnähkarten

Ob Mädchen oder Junge, kleine Kinder lieben Ausnähkarten! Weil bei uns immer „viel zu wenige“ vorhanden sind, basteln wir sie selbst: Auf stabiles Tonpapier oder Fotokarton werden einfache Formen gezeichnet, z. B. ein Apfel, ein Haus, ein Teddy. Vorlagen für solche Bilder findet man in Ausmalbüchern.
Die Löcher werden mit einer dicken Stopfnadel vorgebohrt. Nun braucht man noch einige bunte Garnreste und eine Sticknadel mit abgerundeter Spitze. Beim Einfädeln sollte ein Erwachsener helfen.

Wenn das Bild fertiggestickt ist, werden die Fäden vernäht oder verknotet. Wer Lust hat, malt das Bild noch mit Stiften bunt aus. Fertige Ausnähkarten werden natürlich aufgehängt. Wem der Platz zum Aufhängen an den Wänden ausgegangen ist, der kann eine Schnur spannen und die Kärtchen mit Büroklammern daran aufhängen.
Das ist übrigens auch eine Idee, um im Krankenhaus kahle Wände schnell etwas heimeliger zu gestalten.
Schon Zweijährige können Ausnähkarten bearbeiten, wenn man für sie die Löcher mit einem Bürolocher einstanzt und den Kindern Schnürsenkel zum „Nähen“ gibt.

V. Was ist los im Krankenhaus?

Wie sieht's denn hier aus?

Muß das Kind ins Krankenhaus, kann ein vorheriger Besuch mit den Eltern nützlich sein, wenn das Kind dabei

– die behandelnden Ärzte und die Schwestern bzw. Pfleger kennenlernen kann, von denen es später betreut werden wird,
– künftige Mitpatienten kennenlernen kann,
– das Zimmer und vielleicht das Bett sehen kann, in dem es liegen wird,
– das Spielzimmer oder den Kindergarten sehen kann.

Wählen Sie aber den Zeitpunkt für einen Vorbesuch gut aus, und melden Sie sich unbedingt auf der Station an, damit Sie nicht ausgerechnet zu einer Zeit ankommen, in der jeder auf der Station schwer beschäftigt ist.

Nutzen Sie alle Möglichkeiten, in denen das Kind die Situation des Krankseins im Spiel erfassen und gegebenenfalls Ängste verarbeiten kann:

– Bilderbücher mit dem Kind anschauen, die sich mit dem Kranksein beschäftigen.
– Geschichten vorlesen; jedoch solche auswählen, die keine unnötige Angst hervorrufen, oder zusätzliche Probleme aufwerfen; aber auch nicht die Situation der Krankheit als Spaß und das Krankenhaus als Kinderparty-Institution darstellen;
– Rollenspiele mit Puppendoktor-Utensilien, in denen das Kind und mal der Mitspieler in die Rolle des Arztes, des Patienten, der Schwester schlüpft;
– alle Beschäftigungen, in denen das Kind etwaige Angstgefühle herauslassen kann, dazu gehört auch das Malen und das Modellieren mit Knetmasse oder Salzteig. Gerade die letztgenannte Beschäftigung hat sich als besonders geeignet erwiesen, da auch Aggressionen durch das Kneten und Walken vortrefflich abgelassen werden können.

Die Tasche fürs Krankenhaus

Was Sie zusammen mit dem Kind einpacken sollten:

– Kuscheltier, Kuschelkissen oder -decke
– Lieblingsschlafanzug
– Jogginganzug! Sobald man nicht mehr allzu krank ist, und das Krankenhauspersonal es erlaubt, sollte man Schlafkleidung gegen einen Jogginganzug oder normale Kleidung austauschen. Gleich fühlt man sich schon viel gesünder!
– Schnupperpulli (der riecht so gut nach meiner Mama)
– Block und Stifte
– Telefongeld und Telefonbüchlein (siehe S. 45)
– Einschlaflicht oder andere liebgewordene Dinge, die zum Einschlafen wichtig sind
– Briefpapier und Briefmarken brauchen ältere Kinder, um die Kommunikation mit Freunden und Mitschülern aufrechtzuerhalten.
– Ein Beutel mit Spielsachen zum „Ans-Bett-Hängen"
– Toilettensachen wie Kamm, Zahnbürste, usw.

So wird's gemütlich

Vorausgesetzt, die Schwestern sind damit einverstanden, kann man das fremde Krankenzimmer mit ein paar einfachen Dingen etwas „heimeliger" gestalten:

– Über dem Bett oder besser noch an der gegenüberliegenden Wand eine Schnur anbringen und mit Büroklammern selbstgemalte Bilder des Kindes oder Fotos von der Familie nebst Bello aufhängen!
– Toilettensachen auspacken, eigene Handtücher aufhängen!
– Die eigene bekannte Kleidung darf fast immer getragen werden. Dazu gehören: Schlafanzug, Jogginganzug, Morgenmantel, Hausschuhe. Kaufen Sie keine neuen Sachen! Die alten bekannten Dinge sind jetzt wichtig.
– Manchmal ist es sogar gestattet, eigene Bettwäsche zu benutzen. Wenn das möglich ist, machen Sie Gebrauch davon!
– Kuscheltier oder Kuschelkissen gehören unbedingt ins Krankenbett!
– Wenn das Nachtkästchen zur Unterbringung der Spiel-, Mal- und Bastelsachen nicht ausreicht, steckt man sie in eine Stofftasche, die man am Bett in Reichweite des Kindes anbindet. Aber auch im Krankheitsfall sollte eine Überflutung des Kindes mit Spielsachen vermieden werden.

Ein Telefon von Bett zu Bett

Dieses Telefonspiel kennen bestimmt schon viele Kinder. Früher bastelte man die Telefone aus leeren Konservenbüchsen. Weniger gefährlich und genauso lustig ist es, wenn man das Telefon aus zwei leeren, sauberen Pappbechern herstellt. Neben den zwei Bechern braucht man noch eine Schnur, die so lang sein muß, daß sie von einem Telefonpartner zum anderen reicht. Zuerst müssen die beiden Becherböden jeweils ein Loch bekommen. Das ist schwieriger, als man meint! Am besten man bohrt die Löcher mit einem spitzen Nagel, oder man sticht sie mit einer Schere ein. Die Löcher müssen so groß werden, daß man die Schnur gerade hindurchstecken kann. Im Becherinneren wird die Schnur dann verknotet. So, nun bekommt jeder Fernsprechteilnehmer einen Apparat, die Schnur wird straff gespannt, und schon kann man fast echt telefonieren. Wenn ein Teilnehmer in sein Gerät spricht, muß der andere seinen Apparat ans Ohr halten. Mit verschieden langen Schnüren kann man ausprobieren, wie weit so eine Telefonleitung reichen kann! Man muß aber stets darauf achten, daß die Schnur keine Berührung mit Wänden oder Möbeln hat und wirklich straff gespannt ist.

Das Mini-Telefonbuch

In fast allen Krankenhäusern steht den kleinen Patienten ein öffentliches Telefon zur Verfügung. Eine tolle Überraschung, wenn Sie ein Telefonbuch als „Dableibsel" basteln.

So wird aus einem Blatt Papier ein kleines Büchlein:

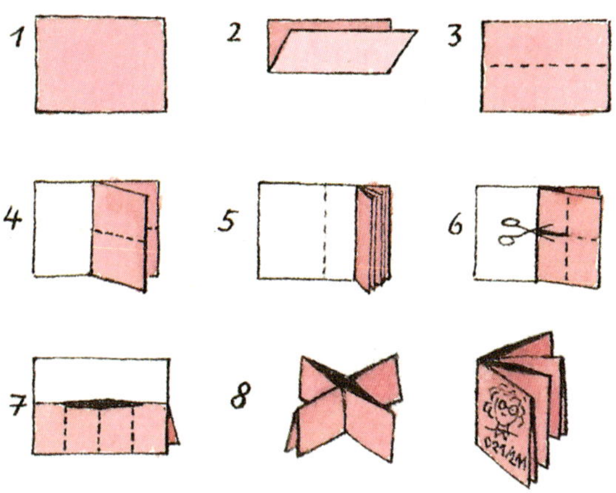

Jede Seite des Buches wird nun einer dem Kind wichtigen Person gewidmet. Neben der Telefonnummer kann man auch ein Bild der jeweiligen Person dazumalen.
Tragen Sie die Telefonnummern genau so ein, wie sie das Kind wählen muß, also ohne Schrägstriche!

Manchmal ist es auch ratsam, die Münzen, die man für ein Gespräch mit der jeweiligen Person braucht, dazuzuzeichnen.

Sammeln Sie für die Kinder 10-Pf-Münzen, oder kaufen Sie eine Telefonkarte und legen Sie diese ins Nachtkästchen auf das Telefonbüchlein.

Post fürs Kind

Was für eine Freude, wenn das Kind „echte" Post bekommt! Ganz überraschend kommt vielleicht ein Brief von den Schulkameraden oder ein Päckchen von der Oma. Keinesfalls braucht die Post ein langer Brief zu sein! Kinder, die noch nicht lesen können, freuen sich über ein lustiges Bild oder ein Foto vom Absender.
Ganz toll ist es natürlich auch, wenn eine Kassette mit einem gesprochenen „Brief" ankommt. Informieren Sie die Schule, den Kindergarten, die Jugendgruppe, den Fußballverein... wenn Ihr Kind im Krankenhaus liegt und teilen Sie die genaue Adresse mit, damit auch diese Gruppen den Kontakt zum Kind aufrechterhalten können.

Der Puzzlebrief

Ein kurzer Brief oder eine Karte wird in etwa acht Puzzleteile zerschnitten und verschickt. Der Empfänger muß also erst einmal ein bißchen „puzzeln", um den Brief lesen zu können.

Der Zauberbrief

Bei Zauberbriefen wird der Text mit weißer Wachsmalkreide oder einer weißen Kerze, die man mit dem Messer anspitzt, auf weißen Grund geschrieben. Das Kind malt zuerst das ganze Blatt mit Wasserfarbe an, bevor es die „Geheimbotschaft" lesen kann.
Natürlich muß man mit normalem Stift die „Gebrauchsanweisung" zum Entschlüsseln von Zauberbriefen dazuschreiben. Solche „Geheimbotschaften" sind etwas ganz Besonderes für Kinder und lenken sehr vom Kranksein ab.

Wenn ich ein Vöglein wär'...

„Was würdest du tun, wenn...?" ist die Grundfrage für dieses Spiel. Ein Spieler stellt die Frage, der Mitspieler antwortet. Dann werden die Rollen getauscht. Dabei erfährt man schon eine Menge über seine Mitpatienten und lernt sie langsam kennen.
„Also, was würdest du tun, wenn du ein Vöglein wärst?"
Oder: „Was würdest du tun, wenn du so stark wie Pippi Langstrumpf wärst?"
„...wenn du Königin wärst?"
„...wenn du fliegen könntest?"
„...wenn du dich unsichtbar machen könntest?"

Seifenblasen

Mit Seifenblasen schafft man sich schnell Kontakt zu den Mitpatienten. Das Kind pustet, die Mitspieler versuchen von ihrem Bett aus die Seifenblasen zu fangen. Manchmal gelingt es sogar, die Seifenblasen zum Absender zurückzupusten!

Ich sehe was, was du auch siehst!

Der älteste Spieler darf beginnen. Er sucht sich einen Gegenstand aus, den man gut beschreiben kann. Dann gibt er nach und nach verschiedene Merkmale seines Rate-Gegenstandes an: „Ich sehe was, was du auch siehst! Mein Gegenstand ist rund, fühlt sich kalt an, hängt an der Wand und etwas davon bewegt sich sogar." Die Mitspieler suchen ganz schnell nach einem Ding, auf das die Beschreibung zutrifft. Derjenige, der zuerst die Lösung nennt, in unserem Fall also „Die Uhr!", darf das nächste Suchrätsel aufgeben.

Das Bettdecken-Quiz

Einer versteckt fünf verschiedene Gegenstände unter seiner Bettdecke. Vielleicht sind das ein Buch, ein Teddy, eine Zahnbürste, ein linker Hausschuh und ein Stift.
Nacheinander zieht er jeden Gegenstand unter der Bettdecke hervor und zeigt ihn für ein paar Augenblicke seinem Spielpartner, bevor er das Ding wieder unter der Bettdecke verschwinden läßt.
So, nun hat der Spielpartner alles gesehen. Schafft er es, alle Dinge in der richtigen Reihenfolge aufzuzählen?
Dann hat er aber ein tolles Gedächtnis! Vielleicht versteckt man das nächste Mal sechs oder gar sieben Dinge!
Dann werden die Rollen getauscht.

Rätselreihen

Ein Kind gibt drei bis fünf Wörter vor, die eine bestimmte Gemeinsamkeit aufweisen, z. B.: „Anna, Berta, Christiane, Dorothee, Emily."
Das andere Kind hört genau zu, denkt nach und versucht dann, die Reihe fortzusetzen.
In unserem Fall handelt es sich um lauter Mädchennamen, deren Anfangsbuchstaben dem Alphabet folgen. Wer aufgepaßt hat, könnte also so fortfahren: „Felina, Gisela, Hannelore,..."
Hier gleich ein weiteres Beispiel:
Die Hanna gibt diese Wörter vor: „Hühnerleiter, Semmelknödel, Märchenbücher, Federmäppchen."
Alle Mitspieler denken und denken, und endlich findet Julia die Antwort: Alle Wörter bestehen aus vier Silben! Also könnte die Reihe so fortgesetzt werden: Blei – stift – spit – zer, Ther – mo – me – ter.
Hier noch ein paar Vorschläge für andere Rätselreihen:

– Bus, Hut, Tor, Klo,...
(alles Wörter mit drei Buchstaben)
– Fahrrad, Auto, Bus, Traktor,...
(lauter Dinge, die fahren können)
– Fridolin, Zeppelin, Delphin, Medizin,...
(alle Wörter enden auf -in)
– Zitrone, Banane, Eidotter, Sonne,...
(lauter gelbe Dinge)

Ein Bild von dir

Zwei Kinder, die einander gegenüber im Bett liegen, haben natürlich die beste Gelegenheit, ihr Gegenüber zu porträtieren. Jeder braucht ein Zeichenblatt, Buntstifte und eine feste Unterlage. Dann geht's auch schon los!

Die Wort-Leitern

Beide Spieler bekommen je ein Blatt Papier und einen Stift. Zuerst zeichnet sich jeder drei Leitern mit jeweils sechs Sprossen auf sein Blatt. Nun wird auf jede Sprosse ein Wort geschrieben. Alle Wörter sind erlaubt. Egal was einem gerade einfällt!
So könnte das vorbereitete Blatt aussehen:

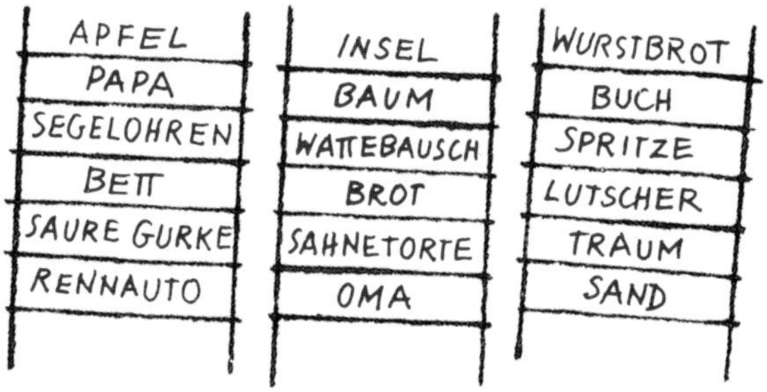

Sind beide Blätter fertig beschriftet, darf das Kind dreimal würfeln. Jede gewürfelte Zahl entspricht einem Wort auf einer Leiter.

Beispiel: Catrin würfelt
und hat somit die drei Wörter: „Segelohren", „Insel" und „Lutscher" ermittelt. Sie liest die drei Wörter ihrem Spielpartner vor, der nun eine kleine Geschichte erfinden muß, in der genau diese Wörter vorkommen. Dabei darf die Reihenfolge aber beliebig vertauscht werden.
Der Papa beginnt gleich zu erzählen: Vor vielen Jahren lebte auf einer kleinen *Insel* im Südpazifik ein kleines Mädchen...
Ist die kleine Geschichte erzählt, darf der Papa würfeln und von seinem Blatt die drei erwürfelten Wörter vorlesen, mit denen Catrin nun eine kleine Geschichte erzählt.

Nur keine Traurigkeit!

Manchmal kann es sein, daß ein Kind durch seine Krankheitssituation so sehr belastet ist, daß es mit Depressionen reagiert. Häufig kann man diesen Zustand bei Kindern feststellen, die lange Zeit im Krankenhaus verbringen müssen und die Trennung von der Bezugsperson nicht bewältigen. Dieser Zustand – obwohl das Kind nach außen besonders brav erscheint – ist weitaus schlimmer als aggressives Verhalten. Vor allem auch weil er der Gesundung des Kindes entgegenwirkt.
In allererster Linie brauchen depressiv reagierende Kinder die Zuwendung, Liebe und Geborgenheit ihrer Bezugsperson. Falls das Kind im Krankenhaus untergebracht werden muß, ist also nochmals genau zu überlegen, ob es nicht doch einen Weg gibt, daß Vater oder Mutter bei dem Kind bleiben können!

Nun ist vor allem auch die körperliche Zuwendung wie Streicheln, Schmusen, oder das Kind einfach im Arm halten und schaukeln ganz wichtig! Lassen Sie die Traurigkeit des Kindes unbedingt zu. Wenn das Kind sich richtig ausweinen kann, wirkt das schon sehr erleichternd. Daneben sind alle einfachen, lustigen Spiele, bei denen das Kind schnell zu Erfolgserlebnissen kommen kann, ein geeignetes Mittel, das Kind aus seiner Depression zu holen und durch zusätzliches Lob sein Selbstwertgefühl zu stärken.
Zwischen Ihnen und Ihrem Kind gibt es bestimmt eine Menge kleiner Sachen, über die das Kind lachen muß. Kleine Kinder haben z. B. Spaß daran, wenn man ihnen warme Luft durch das Nachthemd auf den Bauch pustet oder wenn eine „kleine Maus" auf ihnen herumtrippelt.

Was geschieht mit meinem Kind?

Ein Kind lernt in erster Linie durch Imitation. Es macht nach, was die Eltern und Geschwister vormachen und übernimmt nicht nur deren Verhalten, sondern auch die Einstellungen und Werte.
Genauso ist es auch im Falle einer Krankheit. Das Kind sieht und lernt, wie seine Eltern auf eine Krankheit reagieren und wie sie damit fertig werden. Das Vertrauensverhältnis zwischen Kind und Arzt bzw. Pflegepersonal im Krankenhaus ist davon abhängig, ob die Bezugspersonen Vertrauen zu Arzt und Pflegern haben. Ein krankes Kind ist noch wesentlich sensibler und gefühlsorientierter als ein gesundes Kind. So wird es in höherem Maße die Stimmungen und Ängste der Eltern wahrnehmen und sich daran orientieren. Daher ist es enorm wichtig, daß Eltern, Ärzte und Pfleger miteinander freundlichen Umgang pflegen und sich gegenseitig vertrauen.
Nehmen Sie bewußt Anteil an der Betreuung und Pflege Ihres Kindes! Bieten Sie sich an! Viele Dinge kann eine Mutter besser als eine Schwester, und diese wird durch die Hilfe der Mutter entlastet.

Die neuesten Hits aus dem Tierreich

So macht Singen allen Spaß:
Bekannte Kinderlieder werden einfach auf „fröschisch", „hündisch" oder „mäusisch" gesungen.
Also statt „Alle meine Entchen..." singen wir jetzt zur gleichen Melodie „Quak quak quak quak quak-quak...".
Ganz wild wird der Gesang, wenn jedes Kind in einem anderen Tierlaut das gleiche Lied anstimmt!
Ausprobieren! Auf diese Weise kommt ganz bestimmt gute Laune auf.

Geklopfte Lieder

Bei diesem Ratespiel wird zuerst überhaupt nicht gesungen.
Flori überlegt sich ein Lied, bei dem er sicher ist, daß es alle Mitspieler kennen. Nun klopft er den Takt des Liedes mit der Hand auf den Tisch. Die Mitspieler hören genau zu. Na, um welches Lied handelt es sich? Wer meint, das Lied erraten zu haben, klopft oder singt gleich mit.
Wer richtig geraten hat, darf dann das nächste Rätsellied vorklopfen.

Häschen in der Grube

Dieses Singspiel ist bestimmt vielen Erwachsenen noch aus der eigenen Kindheit gut in Erinnerung. Das kranke „Häschen" hockt auf dem Boden. Alle übrigen Mitspieler bilden einen Kreis um das Häschen herum und singen.
Das Häslein hört genau auf den gesungenen Text und spielt alles entsprechend vor.

Häschen in der Grube
saß und schlief.
Armes Häschen, bist du krank,
daß du nicht mehr hüpfen kannst?
Häschen hüpf! Häschen hüpf! Häschen hüpf!

Häschen in der Grube
nickt und weint.
Doktor kommt herbei geschwind,
macht gesund das liebe Kind.
Häschen hüpf! Häschen hüpf! Häschen hüpf!

Häschen in der Grube
hüpft und springt.
Häschen, bist du schon gesund?
Häschen lacht aus vollem Mund.
Häschen hüpf! Häschen hüpf! Häschen hüpf!

Das Kinderlieder-Quiz

Bevor der Spielspaß beginnen kann, schreibt der Spielleiter auf kleine Zettelchen je ein Schlagwort, das zu einem Kinderlied paßt:
Etwa 10 bis 20 Zettelchen, je nach Anzahl der Mitspieler, sollten vorbereitet werden.
Die Zettelchen werden mit der beschrifteten Seite nach unten auf den Tisch gelegt. Ein Kind darf jetzt ein beliebiges Zettelchen umdrehen und das darauf befindliche Wort vorlesen, z. B. „Kuckuck". Alle Spieler denken nach und suchen so schnell wie möglich ein Lied, in dem das Wort „Kuckuck" vorkommt. Derjenige, der zuerst ein „Kuckuck-Lied" vorsingen kann, z. B. „Der Kuckuck und der Esel...", bekommt das Zettelchen.
Sind auf diese Weise alle Zettel an die Mitspieler verteilt, zählt jeder nach, wieviele er ergattern konnte. Der Sieger darf sich von den Mitspielern sein Lieblingslied vorsingen lassen.

Fingerpüppchen

Fingerpüppchen sind eine ideale Beschäftigung für kranke Kinder. Diese Püppchen dürfen ja jeden Quatsch machen, herumhampeln, kitzeln und manchmal sogar auf den Doktor schimpfen! Im intensiven Spiel helfen diese Püppchen Spannungen zu lockern und Probleme herauszulassen. Sie helfen, Aggressionen abzubauen und wirken einer Depression entgegen. Fingerpüppchen gibt es fertig zu kaufen, sie sind aber auch einfach aus Pappröllchen, Filz oder Stoffresten selbst zu basteln. Ganz toll ist es natürlich, wenn jeden Tag ein neues Püppchen dazu kommt und bald richtig Theater gespielt werden kann. Eine Stuhllehne wird zur Bühne!

Die Fingerzwerge

Mit Filzstift wird dem Zeigefinger ein lustiges Gesicht aufgemalt. Bekommt er noch einen winzigen Hut aufgesetzt, ist der Fingerzwerg perfekt und beginnt sofort, mit quakiger Stimme irgendeinen Quatsch zu sagen. Er zappelt herum, beschwert sich über das schlechte Wetter und möchte so gerne wenigstens einen Freund zum Spielen. Den kann er haben! Nun wird auch der Mittelfinger als Zwerglein verkleidet. Diese beiden munteren Gesellen werden sich erst einmal begrüßen, mißtrauisch beschnuppern und dann gemeinsam viele lustige Dinge tun. Am Schluß legen sie sich nebeneinander ins Bett, gähnen und schlafen bestimmt bald ein!

Muster blinken

Bestimmt haben viele schon einmal versucht, das Sonnenlicht mit einem Spiegel oder einem metallenen Gegenstand einzufangen und auf eine gegenüberliegende Wand zu reflektieren. Hier wird dieses Spielchen erweitert und kann vielleicht sogar kleine Kunstwerke entstehen lassen. Zur Herstellung einer Blinkkarte braucht man schwarzes Tonpapier, ein wenig Klebstoff, eine Schere und ein kleines Stück Silberpapier von einer Schokoladenverpackung. Das wird dann je nach Wunsch in Streifen, Quadrate oder Kreise geschnitten oder einfach mit der Hand in unregelmäßige Stückchen gerissen. Natürlich kann man auch die Umrisse von Personen oder Tieren ausschneiden.

Jetzt klebt man die Teilchen mit wenig Klebstoff auf den schwarzen Untergrund, und fertig ist die Blinkkarte.
Nun sucht man sich eine Stelle im Haus oder im Freien, an der das Sonnenlicht möglichst hell einfällt, oder man hält die Blinkkarte unter eine helle Lampe. Ein bißchen Zeit braucht man, um auszuprobieren, wie die Reflexionen am schönsten aussehen. Grundsätzlich gilt: Je näher man die Blinkkarte an die „Projektionswand" hält, um so deutlicher und exakter treffen die Blinkmuster dort auf.

Ein lieber Gruß von draußen

Besonders die Kinder, die längere Zeit im Haus bleiben müssen, freuen sich über ein Mitbringsel, das so toll nach „draußen" riecht.
Im Winter bekommt der kleine Patient ein Eimerchen voll Schnee. Auf einem Teller wird aus dem Schnee ein Mini-Schneemann gebaut, mit Augen aus Rosinen und einem selbstgefalteten Papierhut.
Im Frühling bringen Geschwister oder Freunde einen Strauß Gänseblümchen mit, aus denen ein Blütenkranz geflochten wird. Schöne Blätter können zu einem „Lorbeerkranz" oder einer Blätterkrone zusammengesteckt werden.
Wenn dann im Sommer alles so richtig schön wächst, kann man für das Kind Gerüche von draußen „sammeln". Als Duftbehälter eignen sich die Döschen von Rollfilmen besonders gut, aber auch leere Streichholzschachteln können verwendet werden. In jedes Döschen wird ein anderes Naturmaterial gefüllt: Heu, frisches Gras, Erde, Kräuter, Rinde, Blüten – alles hat seinen speziellen Duft.
Mit diesen Döschen kann man übrigens auch tolle Riech-Ratespiele veranstalten.
Im Herbst kann mit den buntgefärbten Blättern gebastelt werden. Da werden kleine Blätterwichte zusammengeklebt, oder man hängt die Blätter an einem Drahtring auf und erhält so ein bezauberndes Herbst-Mobile.

Das Röntgen

Viele Krankheiten stecken im Körper drin und sind von außen nicht zu sehen. Weil es aber oft wichtig ist, in den Körper hineinzuschauen, gibt es einen Röntgenapparat. Man macht damit Bilder, fast wie mit einem Fotoapparat.
Der Unterschied sieht so aus:

Foto von einer Hand

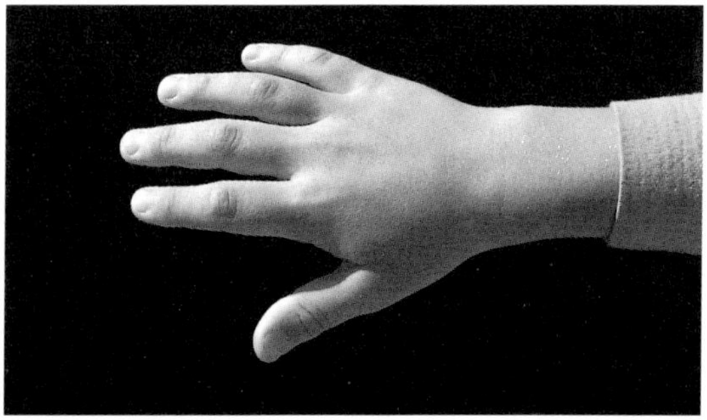

Röntgenbild von einer Hand

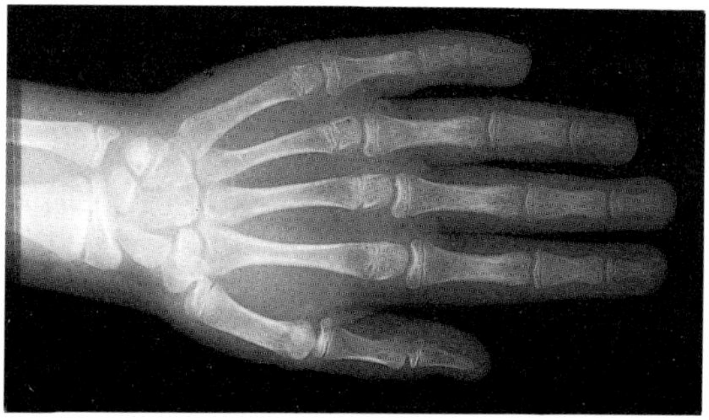

Auf einem Röntgenbild sieht man also, was innen los ist – z. B. ob ein Knochen gebrochen ist.

Im Röntgenraum sind viele große Geräte. Es ist dort meist dunkler als draußen. Der Doktor trägt eine Schürze und manchmal auch Handschuhe.
Dann sagt er: „Tief Luft holen – Luft anhalten – wieder ausatmen." Und schon hat er eine Aufnahme gemacht. Das Röntgen tut genausowenig weh, wie wenn man ein normales Foto von dir knipst.

Die Sache mit der Spaghettimaschine

Manche Kinder bekommen eine ganz besondere Untersuchung. Sie heißt „Ein EEG machen“. Dabei liegt man auf einem Bett und bekommt ein Band um den Kopf gebunden. Aus einem Gerät hängen viele dünne Kabel heraus. Sie werden an dem Band festgemacht. Weil die Kabel aussehen wie Spaghetti, und weil die Untersuchung so weh tut wie Spaghettiessen – nämlich kein bißchen – darum sagen manche Kinder dazu Spaghettimaschine.
Die Schwester sitzt vor einem Gerät mit vielen Knöpfen. Auf einer Seite kommt Papier aus dem Gerät. Die Ärzte können an den Linien, die auf dem Papier sind, erkennen, ob das Gehirn richtig funktioniert.
Aber was du gerade denkst, das kriegen sie nicht raus. Also, am besten denkst du an was ganz Tolles und wartest geduldig, bis die Untersuchung vorbei ist.
Es gibt noch eine ganz ähnliche Untersuchung, die heißt EKG. Dabei wird nicht der Kopf, sondern das Herz untersucht. Deshalb befestigt die Schwester dann die Kabel nicht am Kopf, sondern auf deiner Brust.

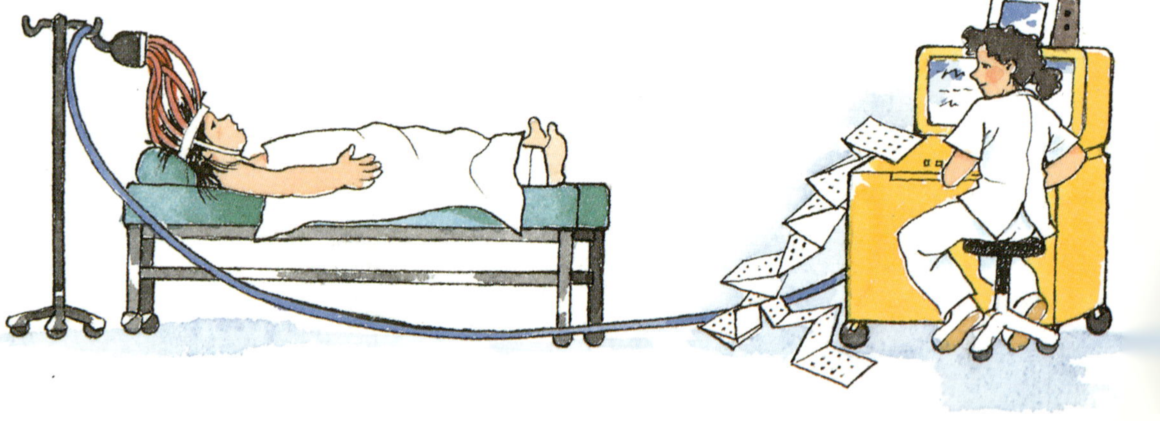

Die Blutuntersuchung

Eine Laborantin kommt ins Zimmer. Sie hat ein kleines Tablett mit vielen Gläsern dabei. „Hallo!“ sagt sie freundlich. „Ich möchte einen Tropfen Blut von dir.“ Sie pikst dich in den Finger und saugt den Blutstropfen mit einem dünnen Schlauch ab. „Im Labor werde ich dein Blut untersuchen.“ Und weil es eine ganz besonders nette Laborantin ist und du darum bittest, darfst du einen kleinen Blick ins Labor werfen.

Auf Regalen und Tischen stehen viele Geräte, Flaschen, Gläser und Schachteln. Hier wird also untersucht, was alles im Blut oder im Urin drin ist. Weil alles ganz sauber sein muß, arbeitet die Laborantin mit Gummihandschuhen. Sie muß ganz genau aufpassen, daß sie alles richtig macht, deshalb lassen wir sie jetzt auch wieder in Ruhe weiterarbeiten. Tschüs.

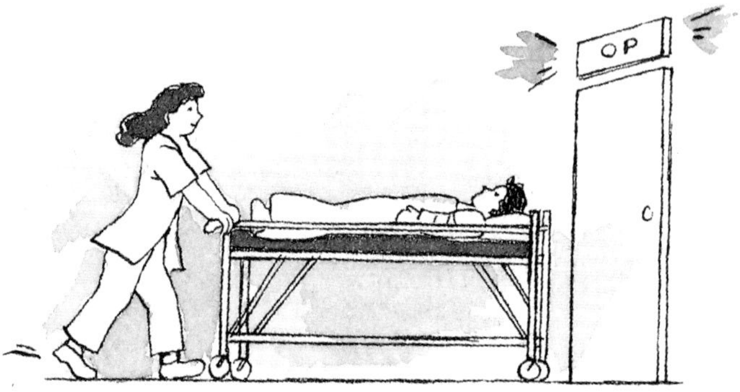

Die Operation

Ulrike hat Bauchweh. Der Doktor stellt eine Blinddarmentzündung fest. Deshalb wird Ulrike gleich heute operiert.
Zuerst kommt Schwester Lucy ins Zimmer. Sie hat eine Spritze dabei. „Damit du während der Operation schön schlafen kannst“, sagt sie. Die Spritze pikst zwar ein bißchen, aber dafür schläft Ulrike gleich ein und träumt einen wunderschönen Traum.
Das ist der Operationssaal. Schwester Lucy hat Ulrike in ihrem Bettchen vor die Tür gebracht. Nun wird sie vorsichtig in den Operationssaal gefahren und auf einen Tisch gelegt. Alle Ärzte und Ärztinnen waschen sich sorgfältig die Hände und ziehen nagelneue Gummihandschuhe an. Ihre Kittel sind meistens grün und alle tragen einen Mundschutz, denn auch im Atem sind Keime. Über dem Operationstisch hängt eine sehr helle Lampe, damit die Ärzte alles genau sehen können.
Während Ulrike ruhig schläft, wird ihr Blinddarm rausgenommen. Anschließend wird der kleine Schnitt im Bauch wieder zugenäht. Langsam erwacht Ulrike aus der Narkose. Aber was ist das? Die Operation ist vorbei und der Bauch tut immer noch weh. Im Arm steckt eine Nadel, die über einen Schlauch mit einer Plastik-

flasche verbunden ist. Unaufhörlich tropft eine durchsichtige Flüssigkeit aus der Flasche in den Schlauch. Ulrike ärgert sich. „Keine Sorge“, sagt Schwester Lucy. „Durch die Flasche bekommt dein Körper Flüssigkeit, damit du nicht so durstig bist. Nun brauchst du nur noch ein bißchen Geduld. Bald bist du wieder ganz gesund, und an dein Bauchweh kannst du dich gar nicht mehr erinnern.“

VI. Hurra, jetzt kommt Besuch!

Besuch

Regelmäßige Besuche sind im Falle eines Krankenhausaufenthalts für den kleinen Patienten von großer Bedeutung und eigentlich für alle Eltern selbstverständlich.
Das wichtigste an solchen Besuchen ist die Regelmäßigkeit und Pünktlichkeit. Das Kind muß sich darauf verlassen können, daß die Besucher einhalten, was sie versprechen. Darum ist es zum Beispiel besser, einem Kind zu erklären, daß man nur jeden zweiten Tag kommen kann, dies aber auch einhält, als das Kind zu enttäuschen. Auch Freunde, Mitschüler, Großeltern usw. sollten den Kontakt zum kranken Kind durch ihre Besuche aufrechterhalten.
Im Krankenhaus kann es manchmal ratsam sein, den Besuch zu organisieren. Es wäre doch schade, wenn alle zum gleichen Termin erscheinen würden, dafür aber zu anderen Zeiten niemand. Der Patient sollte in die Besuchsplanung einbezogen werden. So könnte er zum Beispiel Einladungskarten an die Menschen verschicken, auf deren Besuch er ganz besonderen Wert legt. Auf der Einladungskarte sollten wichtige Angaben vermerkt sein, z.B. wann Besuchszeit ist, auf welcher Station und in welchem Zimmer der Patient liegt usw.

Zimmer 12
Chirurgie - Besuch
Mi 14-16°°

Regeln für Krankenbesuche

– Besuche sollten angekündigt und unbedingt eingehalten werden.
– Liegt der kleine Patient im Bett, so setzen Sie sich unbedingt hin, damit Sie ungefähr auf gleicher Höhe mit dem Patienten sind.
– Zeigen Sie Ihre positiven Gefühle. Umarmen, küssen und schaukeln Sie das Kind! Der Körperkontakt ist enorm wichtig.
– Wer kuschelt sich schon gerne an einen kratzigen Wollpullover? Für einen Besuch bei einem kranken Kind sind weiche, bequeme Kleidungsstücke wichtig. Dann kann man sich auch mal zum Spielen auf den Boden setzen.
– Bringen Sie dem kleinen Patienten nur dann etwas Eßbares mit, wenn Sie sich vorher bei den Schwestern vergewissert haben, daß er das auch wirklich essen darf.
– Dicke Bücher oder solche mit sehr kleiner Schrift überfordern den Patienten. Wählen Sie lieber lustige Bilderbücher, ein Spiel oder ein Puzzle aus, mit dem das Kind auch allein spielen kann. Vergessen Sie nicht, das Niveau der Mitbringsel eher eine Stufe herabzuschrauben, damit das Kind Erfolgserlebnisse haben kann.

– Seien Sie positiv! Versuchen Sie das Kind auf andere, lustige Gedanken zu bringen. Vermeiden Sie auf jeden Fall eine zusätzliche Belastung des Kindes durch negative Nachrichten.

– Denken Sie auch daran, daß das Kind eifersüchtig auf gesunde Geschwister und Freunde sein kann. Vermeiden Sie daher Berichte über Kinderfeste, Schulausflüge und Eisdielenbesuche!

– Fragen Sie die Schwestern, ob Sie mit dem Kind das Krankenzimmer verlassen und vielleicht einen kleinen Spaziergang durch den Park machen dürfen, oder wenigstens auf den Gang oder in die Vorhalle. Eine Veränderung der Umgebung, und sei es nur für Minuten, tut dem kranken Kind gut!

– Im Krankenhaus werden Sie bestimmt auch andere besorgte Eltern treffen, die sich gerne mit Ihnen unterhalten würden. Lassen Sie sich aber nicht dazu verführen, die Zeit, die Sie Ihrem Kind widmen wollten, nun im Gespräch mit anderen Eltern verstreichen zu lassen. Das Gespräch mit anderen Eltern ist wichtig, aber es sollte unbedingt außerhalb der Besuchszeit abgehalten werden.

– Bereiten Sie Ihren Aufbruch früh genug vor.

– Beim Abschied ist es manchmal hilfreich, eine Schwester zu bitten, sich für ein Weilchen an das Bett des Kindes zu setzen. Sie kann das Kind in der ersten Zeit der Trennung durch ein Spiel oder ein Buch von seinem Kummer ablenken.

Tip:
Ein kleiner Überraschungsbesuch der Eltern kurz vor dem Einschlafen freut das Kind und kann die Eltern davon überzeugen, daß ihr Sprößling keineswegs mit rot geweinten Augen im Bett liegt, sondern vielleicht gerade lauthals lachend an einer Witze-Erzählrunde teilnimmt.

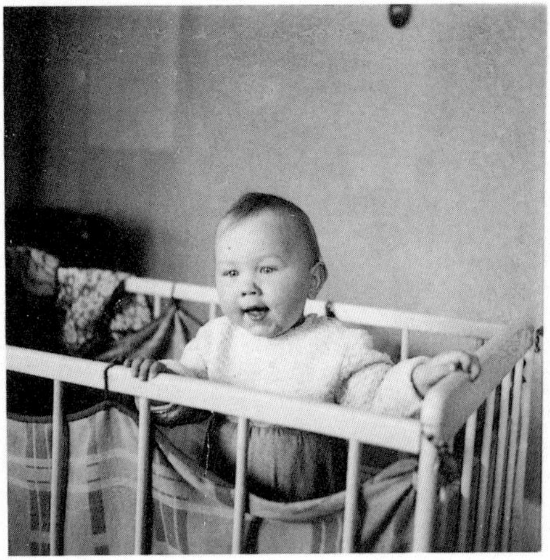

Opa liegt im Kinderwagen!

Eine sehr unterhaltsame Beschäftigung. Besonders die Großeltern können sich so ganz prima mit dem kranken Kind beschäftigen.
Die Oma hat ein paar sehr alte Fotos herausgekramt. Was für ein Spaß, wenn wir uns das dicke, grinsende Baby anschauen und hören, daß es sich dabei um den eigenen Vater handelt. Zuerst wird natürlich geraten. Wer genau hinsieht, findet vielleicht selbst heraus, wer dieses blonde Mädchen mit den dicken Zöpfen sein könnte.
Alte Fotos von Familienmitgliedern, aber auch Fotos vom Haus der Großeltern oder dem Dorf, so wie es früher aussah, sind für Kinder sehr interessant.

Wie war das damals?

Die Oma ist 1925 geboren. Der Flori überlegt sich eine Jahreszahl zwischen 1925 und heute. „Wie war das 1955?" möchte er wissen. Die Oma überlegt: „Also, da war ich genau 30 Jahre alt..." und schon fallen ihr Dinge von damals ein und sie erzählt, vom Umzug nach Murnau, von der Geburt seiner Mama. Alles, was ihr eben so einfällt, und das ist nicht wenig!
Beim nächsten Besuch von der Oma wünscht sich Flori eine andere Jahreszahl. Nicht nur, daß Flori Spaß an den Geschichten von damals hat, hier erlebt er Geschichte so hautnah, wie es ihm später kein Lehrer und kein Geschichtsunterricht vermitteln kann!

Bleib' doch noch ein bißchen!

Manchmal ist es den Eltern unmöglich, die ganze Zeit bei ihrem Kind im Krankenhaus zu bleiben. Nicht nur dem Kind, sondern auch den Eltern fällt der Abschied schwer. Besonders kleine Kinder leiden unter dem Weggehen der Eltern ganz enorm. Sie sind noch zu klein, um für das Weggehen der Eltern Verständnis aufzubringen und fühlen sich oftmals nicht mehr geliebt. Muß die Mutter nach Hause, um sich um die anderen Kinder zu kümmern, entsteht Eifersucht, und nicht selten wird die Angst vor dem Alleingelassenwerden in der fremden Umgebung zur Verzweiflung. Das wirkt sich natürlich wiederum auf den Genesungsprozeß des Kindes negativ aus.
Hier also ein paar Tips, wie man den Abschied erleichtern kann:

- *Ideal wäre es, wenn Sie so lange bleiben könnten, bis das Kind fest eingeschlafen ist. Aber vergessen Sie auch in diesem Fall nicht, dem Kind ehrlich zu sagen, daß Sie später heimgehen und morgen wiederkommen werden.*
- *Machen Sie das Kind etwa zehn Minuten vor Ihrem Weggehen darauf aufmerksam, daß es für Sie nun Zeit wird aufzubrechen.*
- *Schaffen Sie, ähnlich wie beim Zubettgehen der Kinder, ein Abschiedsritual. Ganz bestimmte Tätigkeiten wie z.B. Geschichte vorlesen, Zähne putzen, Lied singen, Kuscheln, Fingerspiele... wiederholen Sie bei jedem Abschied.*
- *Schleichen Sie sich niemals heimlich weg! Sagen Sie dem Kind – egal wie es darauf reagiert, daß Sie gehen müssen und wann Sie wiederkommen.*

Das Dableibsel

Ganz klar, jedes Kind freut sich, wenn der Besucher ein kleines Geschenk mitbringt. Schade ist nur, wenn die Zeit des Besuches dann mit dem Auspacken und Anschauen des Geschenkes vergeht. Viel besser ist es doch, das Mitbringsel durch ein „Dableibsel" zu ersetzen. Kind und Besuch haben Zeit füreinander, können sich unterhalten, miteinander schmusen oder spielen.
Wenn der Besucher dann wieder aufbrechen muß, ist der Zeitpunkt ideal, um den Abschiedsschmerz mit dem Dableibsel zu versüßen. Das Kind ist abgelenkt und hat gleich eine Beschäftigung für die erste, oft so traurige Zeit des Alleinseins.

Eine Taschenlampe

Mit einer Taschenlampe kann man die tollsten Spiele veranstalten, unter der Bettdecke herumleuchten und sogar „Bilder“ an die gegenüberliegende Wand malen.

Ein Spiegel

Wer einen Spiegel besitzt, dem wird's bestimmt nicht so schnell langweilig. Da kann man sich mal ganz in Ruhe selbst betrachten oder die Zunge herausstrecken, die Zähne nachzählen oder wilde Grimassen schneiden. Außerdem kann man mit einem Spiegel im Sonnenlicht herrlich Blinkzeichen geben und sogar Wörter an die Wand schreiben, die der Mitspieler entziffern muß.

Walkman mit Kassetten

Hören Sie sich die Kassetten vorher unbedingt selbst an. Manchmal erwischt man unter Umständen sogar Märchenkassetten, die so gruselig und brutal sind, daß sich auch ein Erwachsener fürchtet. Ganz gut eignen sich Kinderlieder.

Ein Stück von dir

Viele Kinder haben den Wunsch, ein Stück Mama oder Papa bei sich zu behalten. Ein wichtiger Gegenstand der geliebten Person wie Papas Uhr oder Mamas Ring, der Hausschlüssel oder die Handtasche werden ganz geheim und sicher im Nachtkästchen verwahrt.

Ein Puzzle

Puzzeln kann man prima alleine. Besonders viel Spaß haben Kinder an Puzzles, auf denen eine bekannte Person, die ganze Familie oder der Hund Bello abgebildet ist. Ein großes Foto wird dazu auf Pappe geklebt und in dem Alter des Kindes entsprechend viele Puzzleteile zerschnitten. Die Puzzleteile werden in kleinen bunten Schächtelchen oder Briefumschlägen verschenkt.

Eine Pappnase

Was für ein Spaß, wenn die Schwester statt dem Flori plötzlich ein rotnasiges, schnurrbärtiges Kind im Bett entdeckt!

Die Überraschungs-Kassette

Das ist eine tolle Sache: Die Mutter ist zwar weggegangen, hat aber eine Kassette dagelassen. Nun höre und staune: Darauf ist eine von ihr selbst vorgelesene lustige Geschichte. Prima vor dem Einschlafen.
Diese Möglichkeit sollten auch Väter nutzen, die vielleicht nicht so oft zu Besuch kommen können, da sie beruflich verhindert sind. So hört das Kind die Stimme des Vaters und fühlt sich nicht von ihm allein gelassen.
Eine Kassette mit Witzen, die der Bruder daraufgesprochen hat, ist zwar keine Einschlafhilfe, aber bestimmt eine Super-Überraschung für den kleinen Patienten.

Einschlafbilder

Bestens geeignet sind sogenannte Wimmelbilder, auf denen man immer wieder etwas Neues entdecken kann und in die man sich so schön hineinträumen kann.
Wir haben Wimmelbilder sogar aus alten Kinderbüchern herausgetrennt und sie auf festes Papier aufgeklebt. Das Papier wird dann zweimal gefalzt, damit das Bild auf dem Nachtkästchen stehen kann.

Der Schnupperpulli

Ein weicher, kuscheliger Pulli von Mama oder Papa, den das Kind gut kennt und der so wunderbar heimelig riecht, ist eine ideale Einschlafhilfe, besonders für ganz kleine Patienten. Der bekannte Geruch vermittelt dem Kind ein Gefühl von Geborgenheit.

Ein Kuscheltier

Nein, hier ist kein neues Tier gemeint! Ein alter Freund von zu Hause kommt für eine Nacht zu Besuch.

Der Koffer von daheim

Für dieses ganz besondere Dableibsel braucht man zwei kleine Köfferchen. Puppenkoffer oder Arztkoffer sind bestens geeignet. Zu Hause packt die Familie viele liebe Dinge ein, über die sich der kleine Patient freuen wird. Muß der Besucher nach Hause, übergibt er den gefüllten Überraschungskoffer dem Kind und nimmt den Koffer vom Vortag mit anderen, nicht mehr so wichtigen Dingen wieder mit.
Natürlich darf der Patient den Koffer erst öffnen, wenn der Besucher gegangen ist!
Wer will, kann auch gleich ein kleines Ratespiel veranstalten: „Rate mal, was Papa heute für dich eingepackt hat!“ Ein paar Tips bringen das Kind auf die richtige Spur: „Es ist grau und weich...“

VII. Endlich wieder zu Hause!

Wie geht's zu Hause weiter?

Es kann schnell gehen oder lange dauern, bis ein Kind sein seelisches Gleichgewicht wiederfindet. Die Zeit der Verarbeitung richtet sich z. B. nach der Schwere der Erkrankung oder danach, wie beklemmend die Umstände einer Operation oder gar eines Unfalls für das Kind waren. Manchmal kann es geschehen, daß das Kind in frühere Entwicklungsphasen zurückfällt, beispielsweise „Babysprache" spricht oder nachts mit Schnulli im Mund nur noch „im Mamabett" schlafen will. Angstträume können das Kind in der ersten Zeit genauso plagen wie Eifersucht auf die Geschwister oder auf den Vater. Hier also ein paar Tips für die erste Zeit nach dem Krankenhausaufenthalt:

– Nehmen Sie das Kind mit all seinen aufgestauten Aggressionen und Empfindlichkeiten an, und bestrafen Sie niemals durch Liebesentzug!
– Ermuntern Sie das Kind immer wieder, von seinen Erlebnissen zu erzählen. Spielen Sie die Situationen mit Püppchen, Lego- oder Playmobilfiguren nach!
– Auch die Geschwister können in der letzten Zeit gelitten haben und sich gegenüber dem kranken Kind zurückgesetzt fühlen. Darum ist es wichtig, Anregungen zu geben, wie sich alle Kinder zu Hause miteinander beschäftigen können.
– Manchmal reagieren Geschwister und unter Umständen auch erwachsene Familienmitglieder derart mitfühlend, daß nun einer nach dem anderen krank wird. Bevor Sie Ihre Wohnung in ein Lazarett umbauen, versuchen Sie neue Ziele zu stecken. Sprechen Sie über die Urlaubsplanung, unternehmen Sie etwas Außergewöhnliches am Wochenende oder feiern Sie mit Freunden ein kleines Fest.
– Denken Sie an sich selbst! Auch Sie haben ungewöhnliche Anstrengungen und Anspannungen hinter sich und verdienen Ruhe oder eine besondere Belohnung!

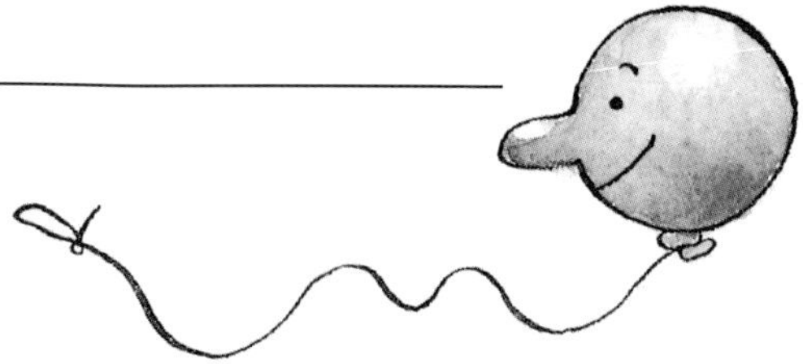

Der Überraschungstag

Die Geschwister kümmern sich oftmals ganz rührend um das kranke Kind. Aber vielleicht ist der kleine Patient nun auch schon in der Lage, etwas Tolles für seine Geschwister vorzubereiten? Am Vormittag, wenn die Geschwister außer Haus sind, geht's los! Da werden Tischkärtchen gebastelt, Girlanden aufgehängt, Luftballons aufgeblasen und der Tisch fürs Mittagessen wie für eine Kinderparty gedeckt.
Vielleicht ist der Patient auch schon gesund genug, um einen besonderen Nachtisch oder einen Milchshake zuzubereiten?
Na, die werden Augen machen, wenn sie heimkommen!

Geschnippeltes Lieblingsessen

Als ausgesprochen appetitanregend hat sich dieses Spiel erwiesen: Das Kind bekommt einen weißen Pappteller, eine Schere, Kleber und einige alte Illustrierte. Nun darf es sich aus den Illustrierten all die eßbaren Dinge ausschneiden und auf seinen Teller kleben, die ihm besonders gut gefallen. Wie wäre es mit „Spaghetti auf Nougatpralinen“ oder „Pommes Frites mit Himbeerpudding“? Die Gerichte können natürlich immer wieder abgeändert, sprich überklebt werden. Also dann: Guten Appetit!

Die Wünsche-Lotterie

Fast wie im Märchen geht es bei dieser Lotterie zu. Das Kind darf genau sieben Wünsche äußern. Jeder (erfüllbare) Wunsch wird auf einen eigenen Zettel geschrieben, der wird dann zusammengerollt und mit einem Gummiring umwickelt. In einem Hut oder einer Schachtel werden die Lose gemischt. Dann darf der Patient mit geschlossenen Augen ein Los ziehen. Mama oder Papa steckt das Los ein – denn noch wird gar nichts verraten. Erst am nächsten Tag wird das Geheimnis gelüftet. Dann geht nämlich dieser Wunsch in Erfüllung.

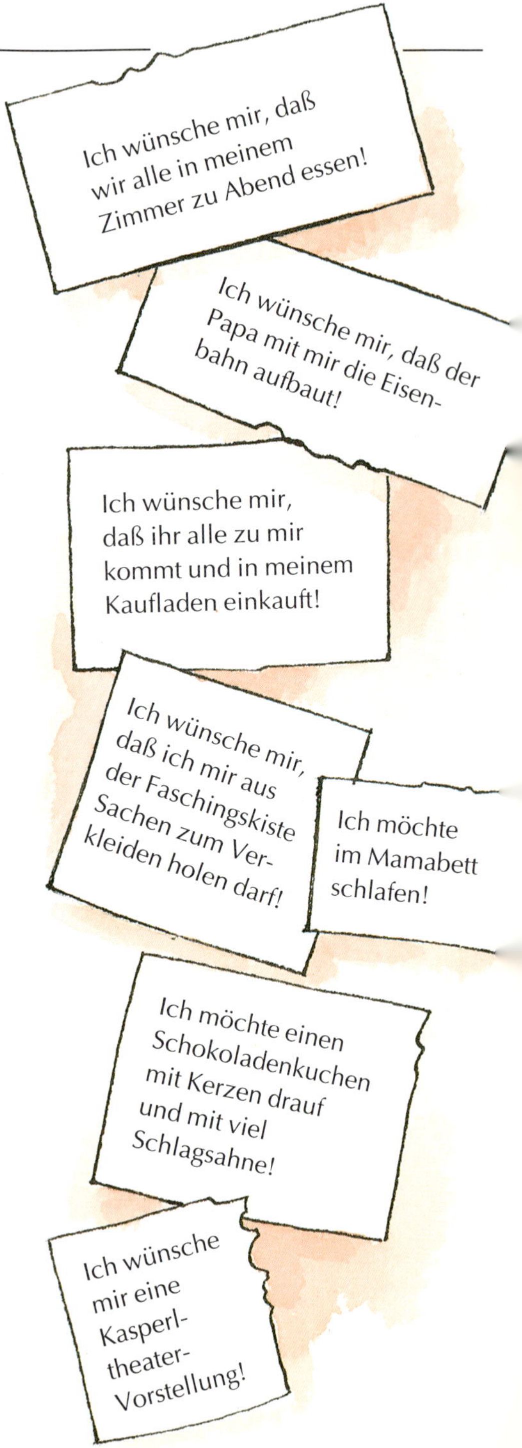

VIII. Ein bleibender Eindruck

> **Was ist das höchste Glück auf Erden?
> Gesund zu sein!
> Ich sage Nein.
> Das höchste Glück auf Erden ist
> gesund zu werden!**
>
> ***J. W. v. Goethe***

Eine Krankheit, eine Operation oder ein Unfall sind für Kinder immer einschneidende oder bittere Erfahrungen in ihrem Leben. Aber wie bei vielen anderen Dingen liegt auch in der Krankheit eine Chance. Das Kind erfährt, daß Schmerz und Unglück eben auch zum Leben gehören und jede schlimme, leidvolle Zeit irgendwann einmal ein Ende findet. Das Kind hat erfahren, daß seine Eltern es auch in dieser Zeit nicht allein lassen, sondern ihm stets bestärkend, tröstend und umsorgend beistehen. Daraus entwickelt sich ein tiefes, festes Vertrauen zu den Eltern.
Das Kind ist innerlich stärker geworden und wird die neue Erfahrung auch auf andere Bereiche des Lebens ausweiten können.
Aber auch die Eltern haben etwas gelernt: „Kleine Sorgen wird man am schnellsten los, wenn man eine große Sorge bekommt.“ Diese Erfahrung macht jeder Elternteil, wenn er die Hilflosigkeit, beinahe schon Ohnmacht, beim Anblick seines kranken Kindes spürt.
Über wie viele Unwichtigkeiten haben wir uns geärgert! Über welche Banalitäten haben wir geschimpft und gestritten. Jetzt sind sie auf ein Maß der Lächerlichkeit gesunken. Das ist bei aller Schmerzlichkeit eine sehr wichtige Erfahrung, die die Sichtweise des Zusammenlebens in der Familie auf eine andere Ebene bringt, die eigenen Lebensziele und vielleicht auch die Definition von „Glück“ wieder mit neuen Inhalten füllt.

IX. Das Mini-Lexikon für Kinder

Patient:
Kranke Kinder oder Erwachsene nennt man **Patienten.**

Diagnose:
Nachdem der Doktor einen Patienten gründlich untersucht hat, stellt er fest, welche Krankheit der Patient hat. Dieses Erkennen und Benennen einer Krankheit nennt man **Diagnose.**

desinfizieren/steril:
Beim Arzt muß alles sehr sauber sein. Darum werden z. B. Pinzetten, Scheren und viele andere Dinge so sauber gemacht, daß nicht mal mehr das kleinste Staubkorn darauf sitzt. Diese Instrumente werden **desinfiziert** und sind dann **steril.**

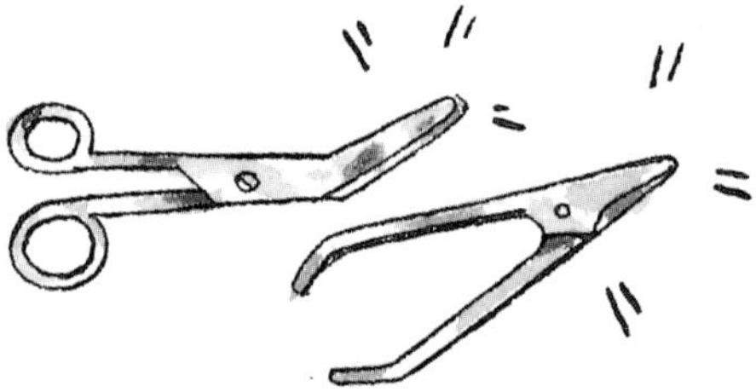

ambulant:
Manchmal muß man zu einer Untersuchung ins Krankenhaus, weil es nur dort die notwendigen Geräte gibt. Wenn du nach der Untersuchung gleich wieder nach Hause darfst, warst du nur **ambulant** im Krankenhaus.

stationär:
Wer auch im Krankenhaus schlafen muß, der kommt auf eine bestimmte Station und wird also **stationär** aufgenommen.

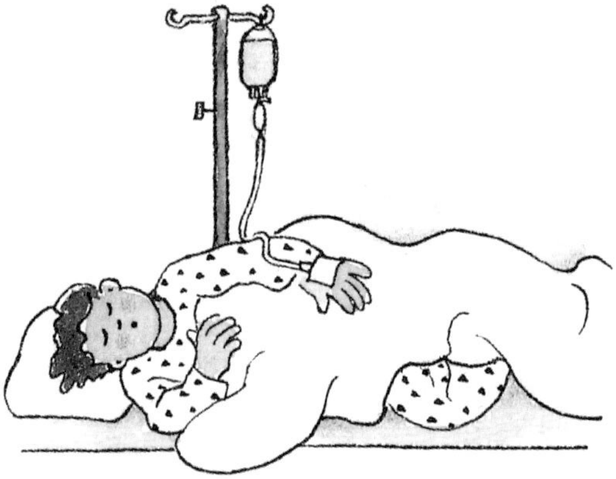

Infusion:
Manchmal muß eine Medizin direkt in das Blut hinein. Dazu benützt der Arzt eine Spritze oder er legt eine **Infusion.** Bei der Infusion tropft die Medizin ganz langsam aus einer Flasche durch einen Schlauch direkt in die Ader. Diese Medizin kann den Körper zum Beispiel mit Flüssigkeit versorgen, wenn man lange nichts trinken darf.

Quarantäne:
Wenn jemand eine sehr ansteckende Krankheit hat, sollte er keinen Besuch bekommen und nicht aus dem Haus gehen. Diese Zeit, in der man keinen Kontakt zu anderen Menschen haben soll, heißt **Quarantäne.** Natürlich darf man in der Quarantänezeit auch nicht in die Schule oder auf den Spielplatz gehen, selbst dann nicht, wenn man sich gar nicht mehr krank fühlt. Wie lange die Quarantänezeit dauert, bestimmt der Arzt.

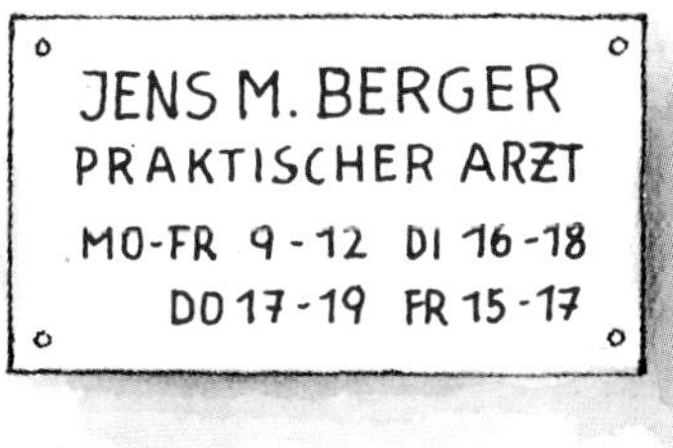

Praxis:
Ärzte, die nicht im Krankenhaus arbeiten, haben oft eine eigene **Praxis,** in der sie arbeiten. Meistens haben sie eine Wohnung gemietet. Statt Wohnzimmer und Schlafzimmer aber haben sie das Wartezimmer und das Behandlungszimmer eingerichtet.

Labor:
Im **Labor** wird nach Krankheitserregern und bestimmten Stoffen in Blut oder Urin gesucht. Im Labor stehen viele Gläschen, Flaschen und merkwürdige Geräte herum. Menschen, die hier arbeiten, nennt man Laboranten oder Laborantinnen.

Therapie:
Wenn eine Krankheit entdeckt wird, beginnt man möglichst gleich mit der Heilbehandlung. Diese Behandlung nennt man **Therapie.** Sie kann zum Beispiel darin bestehen, jeden Tag eine bestimmte Medizin zu schlucken, Bestrahlungen zu bekommen, oder bestimmte Turnübungen zu machen.

Visite:
Visite heißt der Besuch vom Arzt. Im Krankenhaus kommen meistens gleich mehrere Ärzte und die Stationsschwester auf einmal.

Das ideale Geschenk für kranke Kinder

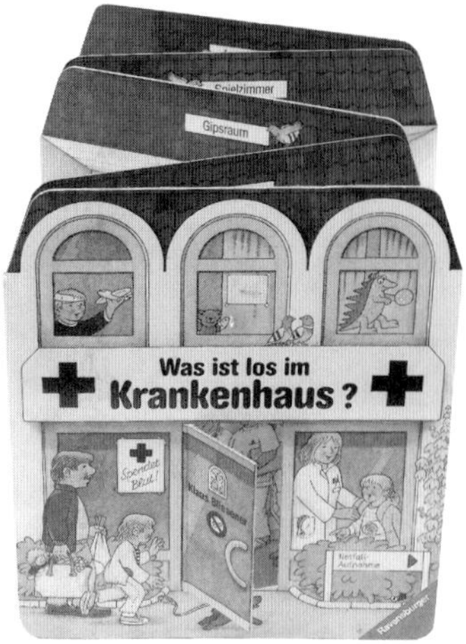

Almuth Bartl/Klaus Bliesener
Bald bin ich gesund!

Lustige Bastelrezepte für kleine Patienten – aus Gipsbinden vom Onkel Doktor, Holzspateln vom Apotheker, Mamas Illustrierten und anderem Wegwerfmaterial entstehen Dinge, die Freude ins Krankenzimmer bringen.

ISBN 3-473-**37565**-9

Almuth Bartl/Irmtraut Teltau
Spiel und Spaß im Krankenhaus

Besondere Namensschilder, Mäusepost, Rätsel und Traumbilder – bei so viel fröhlicher Beschäftigung wird auch eine kranke Maus bald gesund.

ISBN 3-473-**37174**-2

Klaus Bliesener
Was ist los im Krankenhaus?

Hier sind alle Räume einer Kinderklinik auf einen Blick zu sehen: die Krankenzimmer, das Untersuchungszimmer, der Operationssaal, der Gipsraum, aber auch ein Spielzimmer.

ISBN 3-473-**30071**-3